拡大する社会格差に挑む教育

シリーズ［日本の教育を問いなおす❶］

西村和雄・大森不二雄・倉元直樹・木村拓也 編

東信堂

まえがき

　本書は、現代の日本において、経済格差、雇用格差、人材の能力格差、教育の格差など、様々な視点から「格差社会」が進行してきた現状と問題点を検討し、格差構造打破のために教育が果たすべき役割を多角的に考察したものである。

　具体的には、企業における人材育成の分析、社会で活躍する人材を育成するための教育、望ましい教育政策など、格差社会の克服に資する教育方法や教育制度等について、各界の専門家の皆様にご執筆頂いた。

　リーマンショック以来の世界的な経済危機は差し迫った問題だが、我が国固有の長年にわたる構造的問題も忘れることはできない。少子高齢化が進み、世界経済や国際政治における日本の相対的地位が低下する中、雇用・年金・医療など国民生活の根幹をなす制度への信頼が揺らぎ、日本全体を閉塞感が覆っている。

　また、国際的な経済競争が激化する中で、正規雇用と非正規雇用、大都市と地方などの格差が増大している。さらに、我々日本人の間で、向上心、すなわち、明日への展望を持って今日を前向きにより良く生きる意欲が薄れつつあるかに見える。

　この状況を打破するためには、すべての国民に良質な学習機会を保証する教育政策の再構築が必要である。それが格差社会の解消と国際競争力の強化にもつながると考えられるからだ。しかし、残念ながら、景気対策、家計支援、年金・医療など日々の暮らしに差し迫った問題に比して、将来世代や国家百年の計に関わる教育が国政の最重要課題とみなされているとは言い難い。

　子どもから大人まですべての国民が、知的好奇心を大切にしながら、自らの能力をより高め、成長を続けられる教育環境を実現することが、現在の日本が直面する閉塞感を打破し、一人一人が活き活きと活躍する社会の礎となるに違いない。

本シリーズの出版は、日本の将来を憂える多くの人々の支援があって実現したものである。寄せられた論文は、京都大学経済研究所と国際教育学会(International Society for Education)の研究活動が基になっている。この場をお借りして、関係者の皆様に心より御礼を申し上げたい。また、私どもの研究の意義を理解して、出版の機会を与えて下さった東信堂の下田勝司氏に対しても厚く御礼申し上げる。

2010年8月

西村和雄・大森不二雄・倉元直樹・木村拓也

■シリーズ　日本の教育を問いなおす
　1　拡大する社会格差に挑む教育【本書】
　2　混迷する評価の時代──教育評価を根底から問う
　以下続刊

■シリーズ 日本の教育を問いなおす 1
拡大する社会格差に挑む教育／大目次

まえがき ……………………西村和雄・大森不二雄・倉元直樹・木村拓也… i

1章　高齢化・所得格差・教育問題 ……………………大竹　文雄… 3

2章　選別主義と格差 ……………………………………太田　　肇… 21

3章　ゆとり教育政策による格差拡大効果と企業による
　　　雇用可能性………………浦坂純子・西村和雄・平田純一・八木　匡… 35

4章　豊田自動織機の技術者教育 ……………………野崎　晃平… 49

5章　学校における職業教育の
　　　経済効果 ………………………玄田有史・佐藤　香・永井暁子… 67

6章　学歴社会の再構築と人材の流動化………………大森不二雄… 93
　　　──再チャレンジ可能な知識社会への見取り図

7章　格差を拡げる入試制度はどのように
　　　始まったのか？ ……………………………………木村　拓也…117
　　　──日本におけるオープンアドミッション・システムの淵源

8章　大学入学者選抜における公平性・公正性の
　　　再考──受験当事者の心理的側面から ……………西郡　　大…153

9章　大学における初年次教育の展開 ……………………山田　礼子…175
　　　──アメリカと日本

■シリーズ 日本の教育を問いなおす 1
拡大する社会格差に挑む教育／**詳細目次**

まえがき……………………西村和雄・大森不二雄・倉元直樹・木村拓也… i

1章　高齢化・所得格差・教育問題 ……………………大竹　文雄… 3

　1節　はじめに　3
　2節　人口高齢化は所得にどのような影響を与えるか　4
　　　1 人口減少と所得 (4)　2 1人当たり GDP 成長の阻害要因 (5)
　3節　少子高齢化と所得格差　7
　　　1 所得格差のパズル (7)　2 人口変動と所得格差拡大 (8)
　4節　所得格差に関する意識の日米差　11
　　　1 所得格差に関する価値観と認識 (11)　2 機会均等に関する認識の日米差 (14)
　5節　所得格差と教育　15
　6節　おわりに　18
　注 (19)
　文献 (19)

2章　選別主義と格差 ……………………………………太田　肇… 21

　1節　制度がもたらす格差　21
　2節　背後に工業化社会のパラダイム　22
　3節　ポスト工業化社会の能力観　24
　4節　選別の限界　27
　5節　選別から適応へ　28
　6節　適応主義をどう実践するか　29
　7節　格差をどう是正するか　31
　文献 (32)

3章　ゆとり教育政策による格差拡大効果と企業による雇用可能性 …………浦坂純子・西村和雄・平田純一・八木　匡… 35

　1節　序論　35

2節　データ　35
  3節　採用不満足度の決定要因に関する数量分析　36
  4節　企業による雇用可能性　40
  5節　雇用可能性の低下と格差社会　43
 注 (44)
 文献 (44)
  附録1 (45)　附録2 (47)

4章　豊田自動織機の技術者教育　………………………………野崎　晃平… 49
  1節　はじめに　49
  2節　技術教育への取組みの背景　49
    1　若手技術者の技術力の低下 (49)　2　基礎技術講座開講へ (51)
  3節　目標の設定と実施事項　52
    1　基本的な考え方 (52)　2　主な実施事項 (53)
  4節　実施結果　61
    1　講座アンケート結果 (61)　2　講座の評価 (62)　3　配属先の評価 (63)　4　追跡調査 (63)
  5節　今後の課題　64
    1　テキストの改訂 (64)　2　教材の充実 (64)　3　実習の充実 (64)　4　心身の育成 (65)
  6節　おわりに　65
 文献 (66)

5章　学校における職業教育の経済
　　　効果　……………………………玄田有史・佐藤　香・永井暁子… 67
  1節　はじめに　67
  2節　職業教育の変遷　69
  3節　データ　70
  4節　職業教育の効果　74
    1　収入に与える効果 (76)　2　学校からの移行プロセス (77)
    3　やりがい経験 (80)
  5節　職業教育の個別効果・複合効果　82

6節　やりがいにつながるキャリア教育　85
7節　結びにかえて　87
注 (90)
文献 (91)

6章　学歴社会の再構築と人材の流動化　　　　　　大森不二雄…93
——再チャレンジ可能な知識社会への見取り図

1節　課題の全体像と仮説の提示　93
2節　グローバル化と知識社会　96
3節　知識社会における「知の爆発」と「知からの逃走」　99
4節　虚構としての「学歴社会」日本　100
　　1　大学教育無用論が支配する特殊日本的な状況 (100)　2　大学院修了者が知識労働を担う世界的趨勢から取り残される日本 (102)
5節　学歴社会と知識労働者の流動性の連関構造　103
6節　雇用の擬似流動化：正規雇用の非流動性継続と非正規雇用の拡大　107
7節　社会人の学位取得を評価しない雇用システムが、再チャレンジ機会を閉ざす　110
8節　おわりに：システム再構築に必要な政治的意思と具体的政策手段　114
注 (115)
文献 (115)

7章　格差を拡げる入試制度はどのように始まったのか？　　　　　　木村　拓也…117
——日本におけるオープンアドミッション・システムの淵源

1節　「学力検査を免除する」大学入学者選抜の状況——日本と米国の場合　117
2節　『大学入学者選抜実施要項』にみる推薦入学・AO入試　124
　　1　推薦入学の開始と能研テストの失敗 (125)　2　臨時教育審議会路線の残滓——「規制緩和」としての推薦入学・AO入試 (129)

3節　「入学者選抜の多様化」の根拠とされたもの——「統計の非常識」
　　　　と「世間の常識」の不幸な結婚　136
　　4節　結語——「入学者選抜の多様化」の帰結としての「入試科目の軽量化」
　　　　141
　注(145)
　文献(147)

8章　大学入学者選抜における公平性・公正性の
　　　　再考——受験当事者の心理的側面から ……………………西郡　　大…153
　　1節　はじめに　153
　　2節　大学入試の「公平性」および「公正性」に対する受験者の認識
　　　　156
　　3節　社会心理学的公正研究からみる「公平性」・「公正性」　159
　　　　1　「公平さ」と「公正さ」について(159)　2　公正さに対する関
　　　　心の動機——「利己心モデル」(160)　3　「分配的公正」と「手続き的
　　　　公正」(160)
　　4節　まとめ　168
　注(170)
　文献(171)

9章　大学における初年次教育の展開 …………………山田　礼子…175
　　　　——アメリカと日本
　　1節　はじめに　175
　　2節　日米における初年次教育拡大への軌跡　177
　　　　1　初年次教育の発展の経緯(177)　2　現在のアメリカにおける
　　　　初年次教育(179)
　　3節　日米の初年次教育調査　182
　　　　1　調査の設計と方法(182)　2　調査結果の分析(184)　3　学生
　　　　の評価(187)　4　2007年調査結果の対応分析(189)　5　初年次教
　　　　育の効果の規定要因(190)
　　4節　考　察　191
　　5節　おわりに　193
　注(193)
　文献(194)

■シリーズ 日本の教育を問いなおす 1

拡大する社会格差に挑む教育

1章　高齢化・所得格差・教育問題

大竹　文雄

1節　はじめに

　日本社会は少子化と長寿化のために急速に高齢化が進行した。人口の高齢化は、様々な影響を日本社会に与えている。高齢化の進行によって、年金や医療に関する歳出が増え財政問題を引き起こしているのは、よく知られている。また、近年大きな社会的関心を集めている所得格差の拡大についても高齢化が大きな影響を与えている。大竹 (2005) は、2000年以前の日本の所得格差の拡大は、人口の高齢化による部分が大きかったことを明らかにしている。

　しかし、2000年代に入ってくると日本の所得格差は、低所得層の所得低下という形で拡大の兆しをみせている (大竹・小原 2007)。低所得層の所得低下による格差拡大の原因は、いくつかの仮説が考えられる。第1に、低所得層が好不況の影響をいちばん大きく受けることを反映しているという仮設である。もし、この仮説が正しければ景気拡大が続けば格差問題は解消することになる。第2に、技能偏向的技術進歩(skill biased technological progress)が発生し、高学歴層や高技能層に対する労働需要が増加し、低学歴層、低技能労働者に対する需要が低下したという仮説である。第3に、経済のグローバル化が進展し、発展途上国や旧社会主義国から先進国への低学歴、低賃金労働者による製品の輸出が増加したため、先進国における低賃金層の仕事が減少したという仮説である。第4に、教育の質の低下が低所得層の所得低下をもたらした可能性があるという仮説である。

　2番目から4番目の仮説は、いずれも教育訓練にかかわる問題である。高

学歴や高技能労働者に対する需要が増えても、そのままで所得格差の拡大をもたらすわけではない。需要を満たすように高学歴者や高技能労働者の供給が増えれば、所得格差は拡大しない。4番目の仮説は、教育の質の低下が直接の原因になっている。教育・訓練が格差拡大にかかわっているのであれば、景気が回復したとしても、格差縮小に向かうことにはならない。

日本で格差問題が注目されている背景には、景気変動の問題と教育訓練にかかわる問題の両方があると考えられる。したがって、景気の影響がなくなったとしても格差問題が残る可能性が高く、格差問題の解決は教育・訓練によるしかない。

教育訓練の必要性は高まっているにもかかわらず、日本の義務教育の授業時間数は「ゆとり教育」政策の結果、減少傾向にある。教育の必要性が高まっているにもかかわらず、公的教育費が先進国でも最低水準にある。この原因は、人口高齢化により、教育よりも福祉や社会保障への公的支出を優先する高齢者の政治的圧力が強まっていることを反映している可能性がある。Sugimoto & Nakagawa（2007）は、人口高齢化が高齢者の政治的圧力を高め、教育の必要性が高まっている状況にあっても公的教育費を減らしてしまうと指摘している。公的教育費の低下は、勤労世代の私的教育費負担を増やしてしまう。私的教育費負担が高まると、子供の教育費がかかるので、人々は出生率を低下させる。出生率の低下はさらなる人口の高齢化をもたらす。人口高齢化、公的教育費の低下、出生率の低下という悪循環が発生してしまうということをSugimoto & Nakagawa(2007)は理論モデルで示している。本章では、高齢化、所得格差、教育の関連について、筆者の研究をもとに議論したい。

2節　人口高齢化は所得にどのような影響を与えるか

1　人口減少と所得

人口減少や労働力人口の減少は、通常日本の経済成長を低下させると思われている。確かに、1人当たり所得の成長率よりも人口成長率の低下が大きければ、1国全体の所得 (GDP) は低下していく。しかし、国民の豊かさは、

1国全体の所得ではなく、あくまで1人当たりの所得で計測すべきであろう。そうであれば、人口が減少したからといって1人当たり所得が低下するとは限らない。実際、標準的な経済学である新古典派経済成長モデルでは、人口減少は1人当たり所得を「上昇」させると考えられている。それは、人口減少によって、1人当たりの機械や設備といった資本(資本装備率)が高まるため、労働生産性が上昇すると考えられているからである。

　もっとも、人口減少が労働力率の低下を伴う場合は、1人当たり所得も低下するかもしれない。1人当たり GDP の成長率と、労働力率の間には次の関係が成り立っている。

　　1人当たり GDP 成長率＝労働者1人当たり GDP 成長率
　　　＋ 労働力率の増加率

　つまり、労働者1人当たりの資本装備率が高まっても、労働力率が低下すると、1人当たり GDP は低下する可能性がある。平成17年度「経済財政白書」によれば、2004年から2015年の約10年間で労働力率が60.4％から56.8％に低下することが予想されている。そうであれば、この間の労働力率の低下は1人当たり GDP を年間0.6％低下させる要因として働くことになる。逆に言えば、人口減少による資本装備率の上昇がもたらす生産性上昇率が年間0.6％以上であれば、人口高齢化による労働力率の低下を打ち消すことができる。

2　1人当たり GDP 成長の阻害要因

　標準的な新古典派経済成長モデルでは、人口減少は資本装備率を高めることを意味するので、人口減少で1人当たり所得は高まると考えられることを紹介した。しかし、そのような人口減少による生産性上昇効果が阻害される可能性はないだろうか。4つの可能性を指摘しよう。

　第1に、蓄積された資本が非効率に利用される可能性である。バブル経済と90年代の不良債権問題で日本経済が経験したことは、非効率な分野に資本が投入された結果、貴重な資本が無駄に使われたため、日本の経済成長率

が大きく低下したことである。人口減少社会においては、豊富な資本を効率的に配分する仕組みを整えることが重要なのである。

　第2に、賦課方式の年金制度が、日本の資本蓄積を過小にする可能性である。現在の日本の公的年金制度は、現役世代の保険料が引退世代への年金給付に用いられるという所得移転（賦課方式）の年金制度である。賦課方式の年金制度のもとで、人々は公的年金保険料を通じて老後貯蓄の積み立てをしたと認識しており、その分私的貯蓄を減少させる。ところが、現実には公的年金保険料は、そのまま現在の老人への給付になるため、経済全体の貯蓄は公的年金制度のために低下してしまう。つまり、賦課方式の公的年金制度は、貯蓄を減らすのでその分投資を減らしてしまい、労働生産性の低下要因になってしまう。ただし、これには有力な反論がある。人々が子孫に対する利他的な遺産動機を持っていたとすれば、賦課方式の公的年金制度による資本蓄積の低下を通じた所得低下を相殺するように、高齢者が遺産を増やすというのである。このようなメカニズムを完全に否定することもできないが、現状は遺産動機がない世界とある世界の中間であると考えるのが現実的であろう。そうすると、賦課方式の公的年金制度を改善することが人口減少社会では重要な課題になる。

　第3に、新古典派経済成長モデルでは、資本と労働の代替性があると想定されていたが、その代替性が極めて小さい場合には問題が生じる。例えば、介護労働が機械に代替できない場合、人口減少は介護費用を極めて高いものにしてしまう。この点は、将来の介護に関する技術進歩がどの程度になるかに大きく依存する。しかし、全ての仕事が機械に代替できないわけではない。機械に代替できる仕事は機械に任せ、人間しかできない仕事に集中すれば、この問題は深刻ではない。

　第4に、人口が減少することでイノベーションのためのアイデアが不足する可能性がある。革新的なアイデアが生まれる頻度が、技術者や研究者の人口に比例するとすれば、人口減少によって若い技術者・研究者の数が減少することは、技術革新を遅らせてしまうかもしれない。また、豊かになると教育や訓練を受ける意欲が低下する可能性がある。そうすると、人口減少によっ

て技術者・研究者が減る可能性があるだけでなく、技術者・研究者の質も低下する可能性もある。実は、人口減少で最も深刻な問題は、このような教育訓練の低下が、経済成長に悪影響を与える可能性である。

3節　少子高齢化と所得格差

1　所得格差のパズル

　1980年代末ごろには「マル金・マルビ」という言葉が流行し、90年代の終わりごろから「勝ち組・負け組」という言葉が流行している。また当時橘木俊詔氏の『日本の経済格差』(岩波新書)や佐藤俊樹氏の『不平等社会日本』(中公新書)といった日本社会における格差拡大をテーマにした本がベストセラーとなった。こうした現象はいずれも人々の所得格差の拡大感を背景にしていた。

　80年代末のバブル時は、資産価格の高騰から発生した資産所得格差や金融業と製造業の間の賃金格差が、人々に所得格差拡大を意識させた。90年代後半からは、企業における成果主義型賃金制度の導入、失業率の上昇、ホームレスの増大といった現象が、人々に格差拡大感をもたらした。

　実際、日本社会全体での所得格差は、80年代以降拡大し続けたことが様々な統計から観察される。その意味では、人々の格差拡大感と統計的な事実は一致しているようにみえる。

　80年代以降、所得格差が拡大したのは、日本に固有の現象ではない。アメリカ、イギリスといったアングロサクソン諸国でも、所得格差・賃金格差の拡大がみられた。特にアメリカにおいては、このような格差拡大の理由として、技術革新、グローバル化といった経済的要因や労働組合の組織率低下、最低賃金の実質的低下といった制度的要因が重要視され、実際様々な研究が行われ、どの仮説もある程度の説明力を持っていた。

　近年のアメリカにおける所得格差拡大の特徴は、高所得者における所得上昇という形で現れていることが最近の研究で明らかにされている。米国経済学会の学会誌 *American Economic Review* の2006年5月号では、アメリカの所得

格差の実態について分析した3つの論文[1]が掲載されている。いずれの論文も1990年代以降のアメリカにおける所得格差拡大の特徴は、高所得者、高学歴者の所得が他の所得階層に比べて急激に高まったこと、高学歴者の中での格差が大きくなったことを示しているのだ。

例えば、Piketty & Saez（2006）によれば、アメリカでは所得上位0.1％の高額所得者の所得総額が全国民の総所得に占める比率は、1960年代から1970年代にかけて2％程度であったのが2000年には7％を超えている。しかも、高額所得者がより高所得になった原因は、資産所得が増えたためではなく、給与所得が増えたためであることを実証的に示している。このような高額所得者による所得の独占度の高まりは、イギリスやカナダといった英語圏で共通に観察される。一方、日本とフランスでは、高額所得者の所得の独占度は第二次世界大戦後ほぼ2％程度で安定して推移してきており、その傾向は2000年代に入っても変化していない[2]。

日本の所得格差の動きは、2つの点に特徴がある。第1に、経済全体での所得不平等度には、80年代においてはっきりとした上昇トレンドがあるのに、日本においては学歴、年齢、企業規模、産業といった労働者の属性グループの間の賃金格差にも、それぞれの労働者グループの中での賃金格差にも、必ずしも長期的な上昇トレンドが観察されない。労働者グループ間の賃金格差はあまり変化していないのに、日本全体の所得格差が拡大したというのは、「日本の所得格差のパズル」だと言っていい。第2に、アメリカでは高所得層における所得の集中という形で、所得格差の拡大が発生しているのに対し、日本ではそのような急激な変化は観察されない。

2　人口変動と所得格差拡大

もう一度パズルを整理してみよう。日本では、年齢間や学歴間といった労働者グループ間の賃金格差や所得格差はそれほど変化していないのに、人口全体の賃金格差や所得格差は着実に不平等化してきた。そうするとその原因は、グループのシェアが変化したのが原因だとしか考えられない。

日本で長期間トレンド的に生じているグループのシェアの変化は、人口の

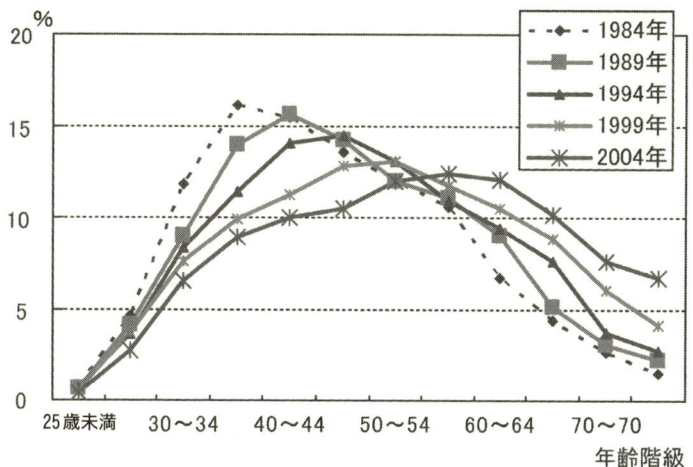

図1-1　世帯主年齢階級別分布の推移

出所：『全国消費実態調査』(総務省)

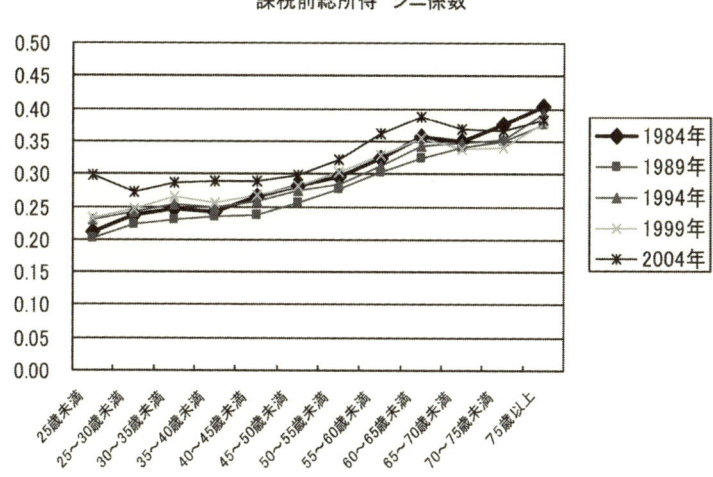

図1-2　世帯主年齢階級内所得不平等度

出所：大竹・小原 (2007)

高齢化である（図1-1）。現実に、年齢が高いほど、同じ年齢階級内の所得格差は大きくなる（図1-2）。それなら、人口高齢化が進むとその分、経済全体の不平等度は拡大していくのが自然である。実際、2000年以前の日本の不平等度の変化の多くは、人口の高齢化で説明できる（大竹 2005）。

　日本においては、所得や賃金の決定・分配に人口構造が大きな影響を与えている。また、単身世帯、2人世帯の増加という世帯構造の変化も、世帯間所得の不平等度を高める要因になっている。拡大家族のもとでは、低所得者は顕在化しない。所得が高くなって、プライバシーを重視するようになった結果独立して生活するようになると、低所得世帯が顕在化するのである。これも、見かけ上所得格差拡大をもたらす。

　しかし、図1-2の年齢階級内所得不平等度のグラフをよく見ると、1999年から2004年にかけて大きな変化があることに気がつく。この期間は、年齢階級内の不平等度の拡大が観察されている。実は、2000年代に入ってからの年齢階級内の格差拡大は、男性の賃金データでもみられている（図1-3）。

　男性の年齢階級内賃金格差の拡大は、上位層と中間層の格差拡大ではなく、

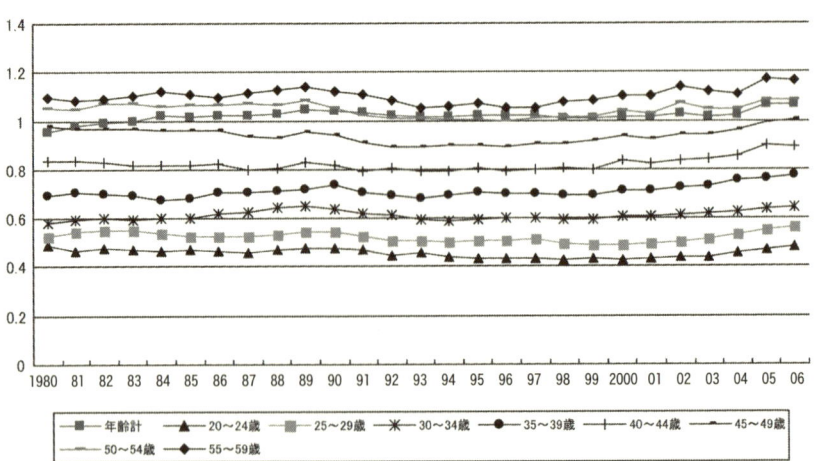

図1-3　男性年齢内所定内賃金格差の推移（第1・十分位と第9・十分位の対数賃金階差）

出所：「賃金構造基本統計調査」（厚生労働省）より筆者が算出

低位の賃金層と中間層の間の格差拡大によって生じている。つまり、低所得層の賃金の相対的低下が2000年代に入ってからの日本の賃金格差拡大の原因である。

低賃金労働者の相対的賃金低下がなぜ生じたのかは、まだよく分かっていない。不況が原因で雇用調整が発生し、再就職先で非正社員として働く労働者が増えたことが賃金格差の拡大をもたらしたのかもしれない。あるいは、グローバル化の進展によって、日本国内における未熟練労働の需要が低下したことが、低賃金層の賃金を低下させたのかもしれない。

4節　所得格差に関する意識の日米差

1　所得格差に関する価値観と認識

アメリカでは、所得格差も大きい上に急激なスピードで所得格差が拡大しているのに、日本ほど所得格差問題が政治問題になっていない。なぜ、このような違いがあるのだろうか。2006年2月、大阪大学21世紀COEプログラムで行った日米比較アンケート調査（以下、阪大調査）の結果から推測してみよう（大竹・竹中 2007）。

阪大調査では、過去5年間およびこれから5年間に、所得・収入、資産、消費水準の格差が拡大した（する）と認識（予想）している人々の比率を調べている。その結果は、所得格差拡大の認識を持つものは、日本人の方がアメリカ人よりも高いことを示している。なぜ、両国で所得格差拡大の認識そのものに違いがあるのだろうか。

どんな所得格差もあってはならない、という極端な平等主義を取る人は少ない。むしろある程度の所得格差は容認するという人が多いだろう。その際、単に所得格差の大きさが問題というよりも、どのような要因で所得格差が生まれるかということに、人々は敏感なのではないだろうか。例えば、人種だけを理由に所得格差が発生してはならないのに、人種間で大きな所得格差が発生していると、所得の低い人種グループの間では、強い格差感が生まれるだろう。

このような容認できない格差を感じている人々を次のような方法で識別してみよう。阪大調査では、「所得はどのような要因で決まっていると考えているか」という質問を行っており、選択や努力、その時々の運、学歴、才能、生まれ育った家庭環境について、それが所得決定に影響を与えているか否かを質問した。その次に、「所得が何で決まるべきか？」を、選択や努力、その時々の運、学歴、才能、生まれ育った家庭環境について、それが所得決定に影響を与えるべきか否かを質問した。

図1-4には、「所得はどのような要因で決まっていると考えているか」に関する質問の回答結果を示している。日米ともに「各人の選択や努力」が所得を決めていると考えている人々の割合が最も高い（日本68％、米国84％）。「その時々の運」という人の割合は、日米でほぼ同じである。これに対して、日米で大きく異なるのは、才能と学歴である。米国では学歴が所得を決定すると考えている人の割合は、77％であるのに対し、日本では43％にすぎない。才能についても両国に大きな差がある。米国では「才能が所得を決定する」と考えている人が60％であるのに対し、日本では29％である。アメリカ人は、努力・学歴・才能が重要だと考えているのに対し、日本人は、努力、運、学歴の順番である。

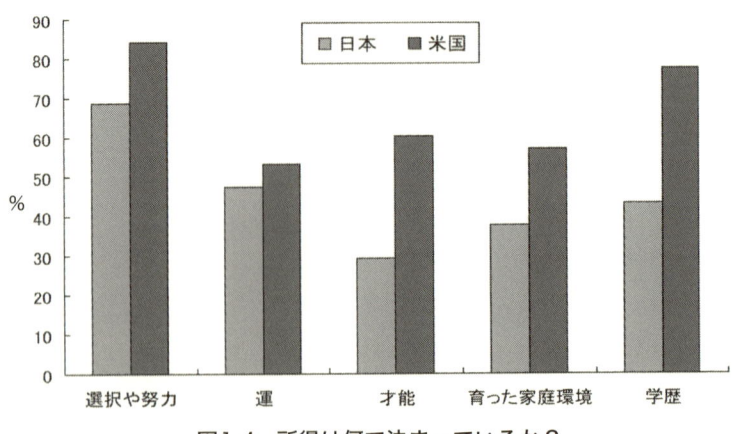

図1-4　所得は何で決まっているか？

出所：大竹・竹中 (2007)

1章　高齢化・所得格差・教育問題　13

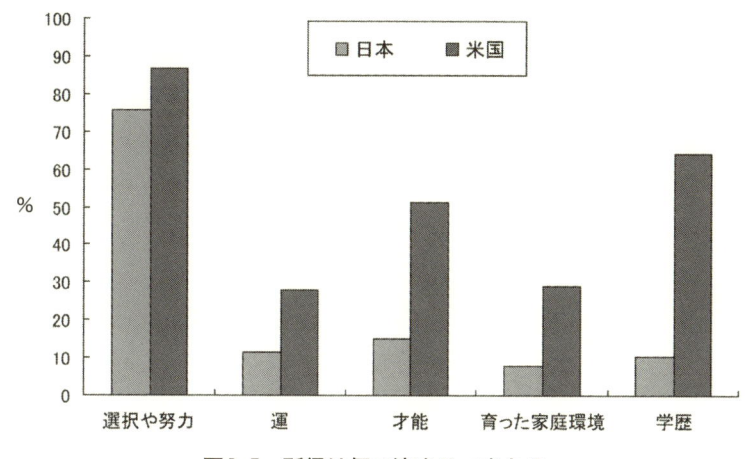

図1-5　所得は何で決まるべきか？
出所：大竹・竹中（2007）

　日米で所得格差の考え方に大きな差が生じるのは、「所得が何で決まるべきか？」という価値観である。図1-5にその結果を示している。図1-5を見ると、日米ともに「選択や努力」で所得が決まるべきだと考えている人がいちばん多い。しかし、米国では、学歴や才能で所得が決まるべきだと考えている人の比率が50％を超えるのに対し、日本では10％〜15％にすぎない。つまり、日本人は「選択や努力」以外の要因で所得が決まることに否定的で、米国人は才能や学歴による所得の差を認める傾向にある。興味深いことに、所得の決定要因に関する価値観と現実認識にギャップがある人の方が、実際に所得格差拡大感を持っている。
　日本人は「選択や努力」以外の生まれつきの才能や学歴、運などの要因で所得格差が発生することを嫌うため、そのような理由で格差が発生してきたと感じると、実際のデータで格差が発生している以上に「格差感」を感じる。また、日本の経営者の所得がアメリカのように高額にはならないのは「努力」を重視する社会規範があるためかもしれない。一方、学歴格差や才能による格差を容認し、機会均等を信じている人が多い米国では、実際に所得格差が拡大していても「格差感」を抱かない。こうしたことが、日米における格差

問題の受け止め方の違いの理由の1つだと考えられる。

2 機会均等に関する認識の日米差

ここまでの分析で、才能と学歴が所得に与える影響に関する価値観では、日米で大きな差があることが示された。しかし、所得に関するそれ以外の価値観は日米で意外に似ている。「勤労意欲向上のために十分な所得格差が生じる社会であるべき」という考え方に同意する人々は、日米ともに少なく、どちらも約20％である。「将来豊かになれる機会が社会から平等に与えられるべき」「勤勉に働けば、どのような人でも最低限度の生活に必要な収入が得られる社会であるべき」「生活に困るほど貧しい人に、社会は十分に援助するべき」といった価値観に同意する人は、日米で大きな差はない。

「将来豊かになれる機会が社会から平等に与えられるべき」と「勤勉に働けば、どのような人でも最低限度の生活に必要な収入が得られる社会であるべき」という考え方については、統計的に有意に日本人の方が同意する人が多く、「生活に困るほど貧しい人に、社会は十分に援助するべき」という考え方に同意する人はアメリカの方が有意に多い。

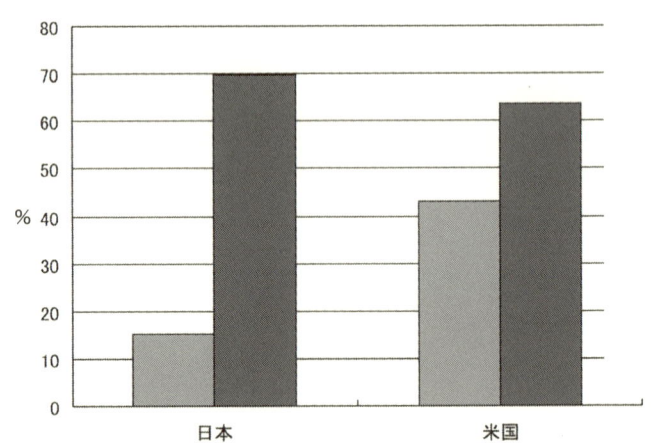

図1-6 機会の平等に関する認識の日米比較

出所：大竹・竹中（2007）

しかし、所得格差に関する実態の認識については、両国で大きな差がある。特に顕著なのは、「今貧しくても、将来豊かになれる機会は社会から平等に与えられている」と考えている人の比率であり、日本では15％、米国では43％で、日本では機会が均等でない、と考えている人が圧倒的に多い（図1-6）。

　また、「生活に困るほど貧しい人に、社会は十分援助している」という評価をしている人の比率も両国で大きな差がある。日本では13％であるがアメリカでは、38％の人がそのような認識を持っている。

　つまり、日本人は機会均等が満たされていないという認識とセーフティネットの不足をアメリカ人よりも強く感じているということだ。日本では、単に所得格差の拡大だけではなく、所得階層間移動の低下による生涯所得格差の拡大が認識されている。

5節　所得格差と教育

　低所得層の所得低下によって引き起こされた所得格差拡大、日本人の規範意識と現実の所得格差のギャップ、所得階層間移動が低いという認識が、日本人に強い格差拡大感をもたらしていることを指摘してきた。日本人はアメリカ人に比べて学歴による所得格差はあってはならないと考えているにもかかわらず、学歴による格差が生じていることが、格差拡大感の大きな原因になっている。

　学歴がこれほどまで注目される原因は、グローバル化や技術革新の進展で、教育の必要性が高まっているにもかかわらず、教育にかかるコストが高まっているために、教育にお金をかけられる人とそうでない人との間で格差が生じてきていることを多くの人が認識しているためではないだろうか。

　義務教育における学習時間は、「ゆとり教育」の導入によって大きく低下してきた。白川（2007）は、「ゆとり教育」によって、義務教育における総授業時間がどのように変化してきたのかを明らかにしている。図1-7は、毎年の学習指導要領から白川（2007）が算出した生まれ年別の義務教育における総

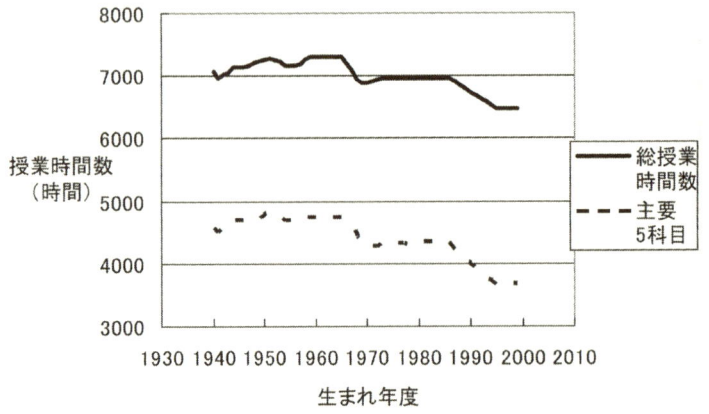

図1-7 生まれ年別の義務教育授業時間数
出所：白川 (2007)

授業時間数の推移を示したものである。1950年代から1960年代前半生まれの世代が、最も多く時間数の授業を受けていた。1960年代の後半生まれから授業時間数が減少し、1980年代後半まで、ほぼ同じ授業時間数を義務教育で受けていた。1980年代後半生まれ以降は、授業時間が減りだし、その傾向は1990年代半ば生まれまで続いた。1959年度生まれから1965年度生まれの世代が7,311時間という最も多くの時間数の授業を受けており、1991年度以降は6,683時間になっている。その差は、627時間にも及んでいる。ピーク時の約8.6％の授業時間数が減っている。英語・数学（算数）・国語・理科・社会の主要5科目でみてみると、57年度から65年度生まれでは4,735時間であり、1991年度以降に生まれた世代は3,932時間に減少している。つまり、主要5教科の授業時間はピーク時に比べると802時間減少し、低下率で言えば約17％になる。最も授業時間数が長い世代の1年当たり主要教科の授業時間数は522時間であるから、最近の中学卒業生は1960年代前半生まれ世代に比べると就業年数が約1年半短くなっているのと同じことになる。図1-8は授業科目別時間数の変化を示している。英語以外の科目での授業時間数の減少が目立っていることが分かる。

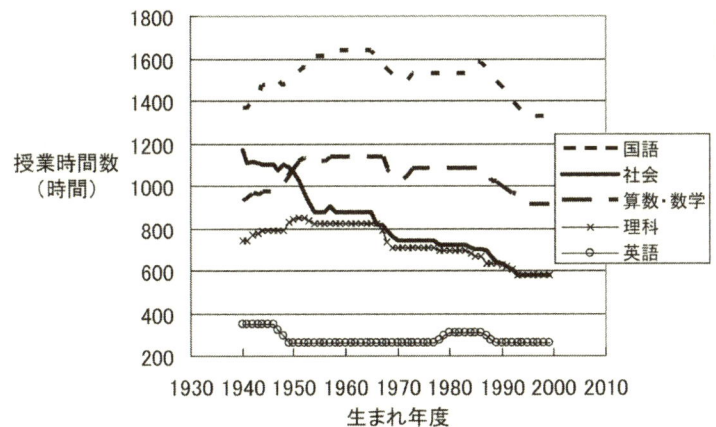

図1-8　生まれ年別・教科別義務教育授業時間数
出所：白川（2007）

　短くなった授業時間分だけ、家庭における勉強時間数が長くなっていたのなら、学力低下の問題は生じないかもしれない。しかし、苅谷（2001）、苅谷他（2002）によれば、学力格差が拡大している原因が学力下位層における家庭学習時間の減少にあることが示されている。義務教育の授業時間の低下が、教育費用を支出することができなかったり、教育を重視しない家庭の子供の学力低下を招いている可能性は否定できない。
　親の所得水準の差が、子供の学力水準の差を生み、それが子供の所得水準の格差につながっているとすれば、それは最近始まったことではなく、すでに1970年生まれ以降の世代から徐々に深刻化していったと考えられる。
　では、このような公的な義務教育の教育水準の低下という傾向から、脱却できる可能性はあるのだろうか。Sugimoto & Nakagawa（2007）は否定的である。彼らによれば、生徒1人当たり公的教育費の減少の原因は、人口の高齢化で教育よりも社会保障支出をより選好するグループの政治的な力が強まったことを背景にしているという。国際比較データやアメリカの州別データを用いた研究でも、人口高齢化と1人当たり公的教育費の間に負の相関が認められている。日本の都道府県別データを用いてこの関係を調べた大竹・佐野（2009）

によれば、90年代以降になって日本でも高齢者比率が高まると、生徒1人当たり公的教育費が低下するという関係が見出されるようになった。日本の90年以前では、高齢化と教育費の間に負の相関はなかったが、近年、日本の高齢者も教育よりも福祉を選好するようになってきた。高齢者が教育の重要性を認識しないと、公的教育の質の低下が進み、教育の必要性を認識している勤労世代は子供の数を少なくすることで対応する。このような悪循環が日本で進みだすと少子化はさらに加速してしまう。

技術革新やグローバル化に伴う所得格差拡大圧力を弱めるための政策は、教育訓練によって日本人の人的資本の蓄積を増やすこと以外にあり得ない。それにもかかわらず、人口高齢化による政治的圧力が、教育訓練への投資を弱める影響を持ってしまう。その意味では、所得格差拡大の動きが弱まる可能性は小さいと考えられる。

6節　おわりに

本章では、人口の高齢化、所得格差の拡大、公的教育の質の低下という3つの問題が、それぞれ関連していることを最近の研究をもとに議論した。特に、所得格差の拡大が学歴格差によるものであることを人々が懸念し、実際、義務教育の時間数が短くなってきたこと、それが高齢者の政治的な力によるという意味で高齢化によって引き起こされている可能性があることを示した。

教育が本当に所得を向上させるのか否かについては、昔から疑念もあった。それは、教育は優秀な人と優秀でない人を振り分けることをしているだけで、能力を高めるものではないという批判である。しかし、一卵性双生児を対象にした研究や様々な社会実験の結果から、教育には確かに人的資本を高める力があることが明らかにされてきた (Heckman & Krueger 2002)。Knudsen 他 (2006) による脳科学と経済学の研究成果を総合的に分析した研究によれば、初等教育や就学前の教育の効果が非常に重要であることが示されている。貧困世帯の子供に対する就学前教育に対する補助や初等・中等教育における公的補助

と質の向上を図っていくことが、将来日本を格差社会にしないために最も有効な方法である。

注
1　Autor, et al. (2006), Lemieux (2006), Piketty and Saez (2006).
2　日本における研究は、ノースウェスタン大学の森口千晶氏とカリフォルニア大学の Saez 氏の研究に基づいている (Moriguchi and Saez 2008)。彼らの研究では、2005年までのデータを用いた分析がなされており、少なくとも2005年までは日本の高所得者の所得独占度は上昇していない。

文献
Autor, D. H., L. F. Katz and M. S. Kearney, 2006, "The Polarization of the U.S. Labor Market", *American Economic Review,* 96, No.2, pp.189-194.
Heckman, J.J. and A. B. Krueger, 2002, *Inequality in America,* USA, The MIT Press.
Knudsen, E. I., J. J. Heckman, J. L. Cameron and J. P. Shonkoff, 2006, "Economic, Neurobiological, and Behavioral Perspectives on Building America's Future Workforce", *Proceedings of the National Academy of Science,* 103, No.27, pp.10155-10162.
Lemieux, T., 2006, "Postsecondary Education and Increasing Wage Inequality", *American Economic Review,* 96, No.2, pp.195-199.
Moriguchi, C. and E. Saez, 2008, "The Evolution of Income Concentration in Japan, 1885 –2005: Evidence from Income Tax Statistics", *Review of Economics and Statistics,* 90, No.4, pp.713-734.
Piketty, T. and E. Saez, 2006, "The Evolution of Top Incomes: A Historical and International Perspective", *American Economic Review,* 96, No.2, pp.200-205.
Sugimoto, Y. and M. Nakagawa, 2007, "From Duty to Right: the Role of Public Education in the Transition to an Aging Society", mimeo.
大竹文雄，2005，『日本の不平等―格差社会の幻想と未来』日本経済新聞社.
大竹文雄・竹中慎二，2007，「所得格差に対する態度：日米比較」市村英彦・伊藤秀史・小川一夫・二神孝一編『現代経済学の潮流2007』東洋経済新報社，pp.67-99.
大竹文雄・佐野晋平，2009，「人口高齢化と義務教育費支出」『大阪大学経済学』第59巻第3号，pp.106-130.
大竹文雄・小原美紀，2007，「再分配構造と所得・消費格差に関する実証研究」未公刊論文.
苅谷剛彦，2001，『階層化日本と教育危機』有信堂高文社.
苅谷剛彦・清水睦美・志水宏吉・諸田裕子，2002，『調査報告「学力低下」の実態』岩

波書店.
佐藤俊樹, 2000,『不平等社会日本』中央公論新社.
白川恵利香, 2007,『教育カリキュラムの経済効果』大阪大学大学院経済学研究科修
　　　士論文.
総務省統計局,『全国消費実態調査』.
橘木俊詔, 1998,『日本の経済格差』岩波書店.
内閣府, 2005,『平成17年度年次経済財政報告』.

2章　選別主義と格差

太田　肇

1節　制度がもたらす格差

　「格差」問題のポイントは、どのような格差が是認できる／是認できないのか、格差をどの程度、そしてどのように是正すべきかにある。本章では、筆者の専門領域である企業のマネジメント・システム、ならびにそれと関連の深い大学の教育システムを主な題材にしながら、評価や選別の問題と、そこから生じる格差の問題を考えてみたい。なお、小中学校を含む学校教育全般についての論考は太田 (2003) を参照いただきたい。

　学校教育の場における格差は、主として学力の面に表れる。その学力格差をもたらす要素の中でも、政策的に特に問題視すべきなのは入学試験という人為的な選別システムである。どの学校に入学するかによって、教育のレベル、学習環境が大きく左右され、それが学力格差に結び付くからである。さらに学歴・学校歴という形で、後の職業生活にも影響を及ぼしていく。

　職業生活における格差は、所得や仕事の質、社会的な地位といった面に表れる。その格差をもたらす根本的な原因は個々人の能力・資質や努力であるにしても、直接格差を決定づけるのは採用試験、人事考課、昇任試験といった制度である。特にここで留意すべきなのは、花田 (1987) によって明らかにされたようにわが国の伝統的な企業では昇進がトーナメント型で、敗者復活の機会が乏しいことである。それだけ制度の重みが大きいことを意味する。

　ところで、雇用の格差といえば、代表的なものが正社員 (正規従業員) と非正社員 (非正規従業員) との格差である。両者の間には給与の格差だけでなく、

能力開発やキャリアアップの機会、雇用保障、福利厚生、仕事の質などの面でも格差がある。とりわけ正社員と同一の仕事をしていても処遇に大きな差があることが問題視される。

正社員と非正社員の格差については、利潤追求に邁進する資本の論理、あるいは行きすぎた市場主義や競争の歪みとして理解されている場合が多い。経営の効率化を図ろうとする企業が、コストの大きい正社員から、コストが小さく解雇も容易な非正社員に切り替えようとするのはいわば当然だからである。たしかに現在の社会的制度を前提にする限り、それは企業にとって経済原則にかなった行為である。しかし、完全な市場競争のもとでは、給与をはじめとする処遇は連続的な曲線を描くと考えられ、正社員と非正社員に二極分化することはないはずである。

二極分化の背景には、各種法制度をはじめとした制度的な要因が強く働いている。例えば、正社員を雇用すると企業は雇用保険や厚生年金などの経済的な負担を課されるうえ、「解雇権濫用の法理」によって解雇が厳しく制限される。またほとんどの企業別労働組合は正社員のみに組合員資格を認めているので、労使関係上においても正社員の雇用は負担が大きい。このように正社員に手厚い一方、非正社員には及びにくい法制度が正社員と非正社員の処遇格差を拡大していることは否めない。

こうしてみると、学校教育の場においても、また雇用の場においても人為的な制度が格差をもたらす要因となっていることが分かる。このような格差を「制度が生む格差」と呼ぶことにしよう。

2節　背後に工業化社会のパラダイム

格差をもたらす制度がつぎつぎに導入され、またそれが積極的に運用されてきた背景には、1つの考え方がある。それは、人が人を評価し選別するのは当然である、という信念もしくは暗黙の前提である。それを筆者は「選別主義」と呼んでいる（太田　2003）。

この10年間、あるいは20年間についてみると、選別主義は社会の各領域

で強まる傾向にある。

　教育の場、特に大学においては入学試験に推薦入試やAO（アドミッション・オフィス）入試といった方式を取り入れるところが増え、文部科学省の調査によると推薦入試やAO入試による大学・短期大学入学者は2006年度全入学者の4割強に達している（平成18年度国公私立大学・短期大学入学者選抜実施状況調査）。推薦入試にしてもAO入試にしても、一般入試のように大学によって一方的に選別されるものではないが、最終的な合否が選別する側の裁量に委ねられているという意味では、一般入試以上に選別主義的だという見方もできよう。

　教員や一般の公務員採用に際しても、近年は「人間性重視」「人物本位」の名のもとに、面接などの比重が著しく高まり、総合的な視点から合否が決定されるのが普通になってきた。採用する側の裁量がそれだけ入りやすくなったわけである。

　入り口だけではない。大学では単位認定や卒業判定を厳格に行い、学生を「品質保証」して世の中に送り出すべきだと声高に唱えられるようになってきた。また企業では、かつて日本企業の特徴であった「全体の底上げ重視」「遅い選別」を見直し、早期に選別した幹部候補生の育成に資源を重点的に投入する姿勢が鮮明になりつつある。例えば労働省（現厚生労働省）が1999年に日本労働研究機構（現労働政策研究・研修機構）に委託して行った企業調査によると、これまでは「全体的な底上げ教育を重視」してきたが、これからは「選抜教育を重視」するという企業が多数を占めている（図2-1）。

　選別主義は工業化社会、とりわけ少品種大量生産の時代には有効なパラダイムであった。生産現場ではフォード・システムに象徴されるように、規格の定まった製品をいかに無駄なく迅速に作るかが課題だった。事務や販売の仕事も同様であり、効率性、正確さ、迅速さが追求された。したがって労働者は、それに必要な知識と技能を備えているか、答えのある問題を正確かつ迅速に解くことができるかどうかが問われた。逆に創造性や個性といった要因は、重視されないばかりか、効率や正確さを脅かす攪乱要因として排除の対象になることも少なくなかったのである。

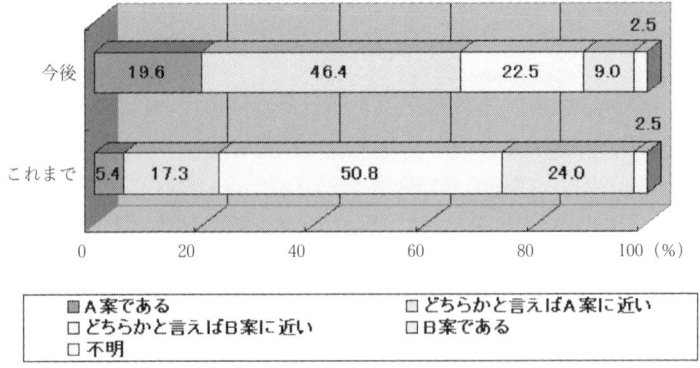

A案：選抜教育を重視する、B案：全体的な底上げ教育を重視する
図2-1　教育訓練の方針：選抜教育 vs 底上げ教育
出典：厚生労働省「業績主義時代の人事管理と教育訓練投資に関する調査」2000年

　工業化社会で労働者に求められるこのような具体的知識・技能、それに勤勉性やまじめさといった意欲・態度は、筆記試験や面接などによって比較的容易に評価することができた。また学歴・学校歴、資格などはそれらの代理指標として信頼度が高かった。

　このように、選別主義は工業化社会に適していたのである。問題は工業化社会が長く続き、特にわが国ではその成功体験が強烈だったため、その慣性もまた強いというところにある。そのため、工業化社会からポスト工業化社会へ移行しつつある現在も、前述したように選別主義はむしろ強まる傾向がみられる。

3節　ポスト工業化社会の能力観

　それでは、ポスト工業化社会においてはどのような能力・資質が必要とされるのかを考えてみたい。

　ポスト工業化社会は「情報化社会」「知識社会」ともいわれる。とりわけIT（情報通信技術）の発達は、仕事の中身、そして仕事に求められる能力・資質の内容を大きく変える。ひところ「デジタル・デバイド」という言葉が流行した。

それは、インターネットやパソコンなどデジタル技術の普及によって、それらの知識があり機器を使いこなせる人とそうでない人との間に、就業機会や仕事の質に格差が生じるという意味でも使われた。

　ところが最近では、このような問題はそれほど深刻に語られなくなり、「デジタル・デバイド」という言葉も使われなくなった。それは、大多数の労働者が知識や技能を身につけ、デジタル機器を使いこなせるようになったためでもあるが、他方では製品の進化により素人でも使えるほど操作が簡単になったからでもある。社会・技術システム論で説明するなら、技術システムが社会システムに追い付いてきたということである。

　ITの普及に伴って、それまで人間がこなしてきたデジタル的な仕事はつぎつぎと機械に取って代わられる。最後まで人間に求められるのは、勘やひらめき、創造性、判断力、共感性、対人能力など、人間特有の能力である。これらはいずれもアナログ的な能力、あるいは暗黙知に属する。デジタル化が進めば進むほど人間にはむしろアナログ的な能力が求められる、という逆説がそこにある。そして、アナログ的な能力の源泉として大きな役割を果たしているのは、いわゆる個性である。極論すれば、個性がなければ新しい価値は生まれないといってもよい。工業化社会では排除の対象であった個性が、ポスト工業化社会では価値の源泉へと変わったのである（当然ながら、あらゆる個性が価値を生むわけではない）。

　一方では、IT化が進んでもこれまでの基礎学力の重要性は変わらないという見方がある。たしかに読み書きや計算、それに基礎的な知識が不要になることはなかろう。しかし、必要な「学力」の内容は変化していることも事実である。例えば暗記科目に代表されるような細かい知識より、アバウトであっても体系化された知識が重要になる。細かくて正確な知識はコンピュータの力を借りればよいからである。要するに、人間にはITと補完し合えるような能力が求められるようになると考えられる。

　ちなみに、IT革命の影響について、厚生労働省が2000年に企業2,000社を対象に行った調査では、コア人材にとって重要な能力として、多くの企業が「変化への柔軟な対応力」「創造性」を挙げる一方、IT関係の技術や能力、

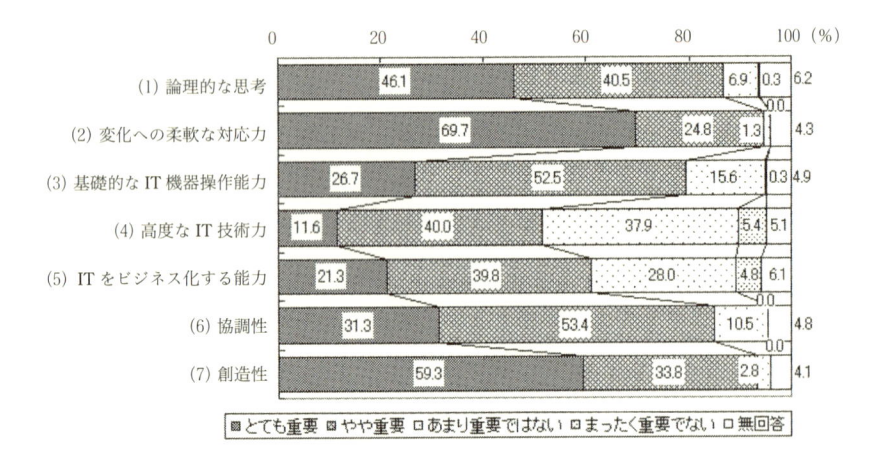

能力	とても重要	やや重要	あまり重要ではない	まったく重要でない	無回答
(1) 論理的な思考	46.1	40.5	6.9	0.3	6.2
(2) 変化への柔軟な対応力	69.7	24.8	1.3	0.0	4.3
(3) 基礎的なIT機器操作能力	26.7	52.5	15.6	0.3	4.9
(4) 高度なIT技術力	11.6	40.0	37.9	5.4	5.1
(5) ITをビジネス化する能力	21.3	39.8	28.0	4.8	6.1
(6) 協調性	31.3	53.4	10.5	0.0	4.8
(7) 創造性	59.3	33.8	2.8	—	4.1

図2-2 コア人材について重視する能力（企業）

出典：厚生労働省「『IT革命』が我が国の労働に与える影響についての調査研究」2000年

それに協調性などを挙げる企業は少ない（図2-2）。ここからも、IT化に伴い企業が社員に対して人間特有の能力をいっそう強く求めるようになっていることがうかがえる。

　そして重要なことは、このような段階に入ると格差論も新しいステージに移るということである。

　IT化はソフト化と結び付いているだけに、ソフトウェアの性質がそこに表れる。ソフトウェアはハードウェアと違って、個人の能力格差が増幅された形で成果に反映される。例えばモノ作り、とりわけ少品種大量生産の現場では、仕事ができる人とそうでない人との間に成果で大きな差がつくことはない。ところが、研究開発、デザイン、企画、コンサルタントといった仕事では、できる人とそうでない人との間に著しい成果の差が生じる。そして、成果の格差が拡大すれば、処遇に大差をつけない従来型の人事制度はかえって不公平だという見方が広がる。さらに、市場価値のある人材は転職したり独立したりする機会が増えてくるので、企業が優秀な人材を確保するためには処遇に格差をつけざるを得なくなる。

　このように、IT化の進展によって、IT化そのものがもたらす格差が問題

になる段階から、むしろ人間特有の能力の格差が問題になる段階へとシフトするのである。

4節　選別の限界

　このような仕事や能力観の変化を踏まえたうえで、選別主義にはどのような問題点、あるいは限界があるのか。いくつかの視点から指摘しておきたい。
　第1は、選別の妥当性の問題である。
　前述したように工業化社会とポスト工業化社会とでは、人間に求められる能力に大きな違いがある。ポスト工業化社会で人間に求められる、勘やひらめき、創造性、判断力、共感性、対人能力といったアナログ的な能力は筆記試験、面接など従来の選別システムで評価することが難しい。それらの能力を評価するシステムも開発されているが、そこには自ずと限界がある。
　例えば、企業の採用試験で創造性に秀でた者を選抜しようとしても、仕事で創造性が発揮される環境やタイムスパンと、試験で実際に試されるそれらとが著しく異なる以上、正しく評価することはできない。普通の試験は外部環境から閉ざされた特殊な空間で、ごく短時間の間に創造性が発揮できるかどうかをみることしかできないが、現実の仕事場面では外部の情報を自由に利用することができるし、仕事によっては何年、何10年といった長期のスパンで創造的な成果を上げる者もいる。
　また最近では、従来の人事評価に代えて、行動評価（コンピテンシー）と呼ばれる手法を取り入れる企業が増えているが、その効果も限定的である。行動評価は、優れた業績を上げている社員に共通する行動特性を抽出し、それを社員の評価基準に用いようとするものである。この手法は、成果につながる行動がパターン化できることを前提にしているが、前述のような暗黙知、アナログ的な能力はパターン化することが困難である。仕事のコアになる部分は人間の頭の中で行われているといってもよい。したがって、表面に表れた行動で評価してもあまり意味がないことになる。
　要するに、人為的な評価と選別になじまない能力・資質が大きな価値を持

つ時代に入ったのである。

　第2に、社会的正当性の問題が挙げられる。

　学校の推薦入試やAO入試、それに企業等における採用時の面接試験、採用後の人事考課などのように、個人の利害を大きく左右する評価・選別を特定の評価者の裁量に委ねることは、評価の正当性という面で望ましくないと考えられる。とりわけ近年のように人物や人間性といった個人の人格に直接関係する部分を評価し、選別に用いることは人権上も問題がある。特にそれが大学入試や教員、公務員の採用試験など公的性格の強い選別に用いられる場合には、いっそう問題が大きいといえよう。

　第3に、正当性とも関係するが、評価・選別の背後にある「無謬性」の前提に問題がある。

　入試制度にしても採用試験にしても、受験者は合否の決定に対してクレームをつけたり、判定結果の開示を求めたりすることは原則としてできない。それは、妥当性や正当性の面で上述のような問題があるにもかかわらず、選ぶ側としては誤りがないことを前提にしているためと解釈できる。そして、それが選別の結果生じた格差を正当化することにつながる。

5節　選別から適応へ

　選別主義にこのような限界や大きな問題点があることを考えれば、それに代わるパラダイムが必要になる。選別主義が選ぶ側、すなわち組織とその意思を代表する者の論理に基づくのに対し、社会、顧客、市場といった外部環境への適応を重視するパラダイム、それを筆者は「適応主義」と命名した（太田 2003）。適応主義のもとで個人は、顕在的・潜在的な環境の要求に自ら主体となって適応し、適応の度合いに応じて有形無形の報酬を受け取る。「報酬」というと誤解を招く恐れがあるが、金銭的・物質的な報酬や社会的地位だけでなく、社会的な承認、利他的な動機の満足なども含むと解釈すれば納得が得られよう。

　適応主義の利点は、選別主義の欠点をほぼ裏返しにしたものといえる。

第1は、妥当性の面にある。学校教育においては将来生きていく一般社会、企業においてはステークホルダーの要求にどれだけ応えたかが、有形無形の報酬という形で直接本人にフィードバックされる。したがって、組織とその代表者の評価が介在する面接や人事考課はもちろん、客観性は高いが人為的なシステムである筆記試験に比べても、（少なくとも論理的には）妥当性が高いと考えられる。そのため、選別主義がもたらす格差より容認できるという見方もできる。

　第2は、正当性の面にある。特定の評価者の主観や裁量が入りやすい選別主義と違って、適応主義では不特定多数によって評価される。したがって選別主義よりも公平かつ客観的であり、社会的正当性が高いといえる。前述した「人物」や「人間性」についても、特定の人によって評価されるのではなく、評価しなくても結果的に仕事の成果などパフォーマンスに反映されるという考え方をとる。そのため、個人の人格や人権が直接侵害される恐れは少ない。

　「再チャレンジ」の可能性についていえば、人物や人間性を理由に選別で排除された者は人格が変わらない以上、再チャレンジが不可能という理屈になる。それに対し、適応主義のもとでは人物や人間性は一要素にすぎないため何度でもチャレンジすることができ、格差が固定化することはない。

　第3に、選別主義と違って無謬性の前提は置かない。市場にしても世論や社会的な評判にしても無数に近い人が「評価」に参加する。これは、一人一人の評価には誤りがあるということを暗黙の前提にしている。その点、市場にしても世論や社会的な評判にしても、ベストではないにしろ「よりましな」評価だといえるのではなかろうか。

6節　適応主義をどう実践するか

　それでは、適応主義をどのように実践するかについて考えてみよう。
　顧客や市場の評価を尊重するというとすぐに連想されるのが、大学における学生の授業評価や企業の行っている顧客満足度調査である。しかし、それらが顧客や市場の評価を正しく反映しているかとなると疑問も残る。

それは、評価制度そのものに限界があり、それが様々なバイアスをもたらすからである。まず技術的な問題点として、減点評価に陥りやすいことが挙げられる。また、項目を立てて点数化することで、評価の網にかからない無数の情報が抜け落ちてしまう。さらに、辛めの評価をすることで相手が改善してくれるのではないかという期待が評価を歪める場合もある。実際に大学ではアンケートの評価は低いが受講生は多い科目があるし、マーケティングの世界では顧客満足度は低いがよく売れる商品（あるいはその逆）もある。この場合、調査結果と学生・消費者の行動のどちらを「評価」として重視すべきかであるが、単なるアンケートへの回答よりもリスクを冒した選択の方が信頼度の高い評価だといえるのではなかろうか。このように適応主義の考え方からすると、逆説的だが評価しないことが正しい評価につながる場合が多い。

　前述したように大学では近年、単位の認定や卒業判定を厳格にする傾向にあるが、個人の能力は市場や社会によって評価されるという適応主義の立場に立つなら、極論すれば単位の認定も卒業判定も必要がないことになる。荒唐無稽な主張と思われるかもしれないが、現実に中高年の社会人学生や聴講生、学士入学者のように学ぶことそれ自体、あるいは知識や能力を高めることを主目的にしている学生も少なくない。

　仮に能力の代理指標として学歴・学校歴が必要だとしても、第3節で述べたように能力の価値が大きく変化していることを踏まえた場合、入学や卒業、単位認定のハードルは低くして、「入りやすく、かつ出やすい」大学にする方が時代の要請にかなうのではないか。過渡的現象として、学生がいっそう勉強しなくなる恐れがあるが、シンボルとしての学歴・学校歴の価値が低下し、逆に学んだ内容が実社会でこれまで以上に厳しく問われることを知れば、いずれ学生はより真剣に学ぶようになるはずである。また、大学やそこで行われる授業は内容本位で選択されるようになるので、そこに競争原理も働く。

　次に、企業における人的資源管理の各プロセスについて考えてみたい。

　「予め評価し選別するのではなく、適応の度合いに応じて報いる」という適応主義の考え方をとるなら、社員を採用する際には発揮された能力や適性

に基づいて本採用することが望ましい。中途採用の他、インターンシップ、紹介予定派遣、トライヤル雇用などはこのような考え方に沿ったものといえよう。

　採用後の配属や異動はこれまで、企業側が「適材適所」を判断し、企業主導で行ってきた。しかし組織の論理に基づいた「適材適所」が環境への適応という面での最適化、ならびに個人主導のキャリア形成と調和しないことがある。そこで、配属や異動においてもFA（フリーエージェント）制や社内ドラフト制など、擬似的な市場メカニズムを取り入れることが必要になる。

　能力開発も、従来の企業主導で画一的な制度から、個人の選択を重視する自主参加型、もしくはカフェテリア型へと比重を移さなければならない。また集合研修などのOff-JT（Off the Job Training）よりも、むしろOJT（On the Job Training）や質の高い実務経験の重要性が高まる。

　なお、採用、異動、能力開発（OJT重視は除く）については、日本企業でも概ねここで述べたような方向に推移しつつある。

　報酬制度において、適応の度合いに応じて報われるという考え方を最も徹底したものが歩合制や出来高給制である。ただ、それが適用できるのは仕事が個人完結型で、しかも貢献度を金銭で表せる営業などの一部職種に限定される。また、職種によっては個々人の市場価値に基づいて給与額を決めているケースもある。しかし、労働市場が未成熟なわが国では、個々人の市場価値そのものの信頼度がまだ低い。そこで金銭以外の報酬、例えば承認や仕事のやり甲斐など無形の報酬が重みを持つことになる。なお、市場や顧客への適応によって承認で報われる仕組みについては拙著（太田　2007a, b）に譲りたい。

7節　格差をどう是正するか

　自由主義社会である以上、個人の能力・資質、努力とそれらの反映である成果によって格差が生じるのは当然である。問題は、成果を上げる機会の平等をいかに実現するか、そして結果の不平等（格差）をどのように、またど

の程度是正するかである。

　第1節で述べたように、現実に存在する格差の中には「制度がもたらす格差」が少なくない。機会の平等という面から、それらの制度を見直すことが第1の課題である。さらに、制度の背後にある「選別主義」の限界と問題点にもメスを入れる必要がある。

　第2の課題は、結果の不平等を是正することである。

　すでに述べたように、個々人の能力格差が増幅された形で成果に反映されるポスト工業化社会では、放置すると給与や所得といった経済的な格差が拡大しやすい。したがって、それをいかに、そしてどこまで是正していくべきかという議論がこれまで以上に必要になる。

　また市場や顧客、社会への適応を重視するようになれば、企業をはじめとする組織の枠を超えた格差の問題がクローズアップされる。政府の役割に注目するなら、「小さな政府」よりむしろ「大きな政府」が必要になるという考え方もできる。

　まず、格差が拡大すれば、富の再分配による格差是正がいっそう強く求められる。格差をどの程度まで是正するかは最終的には政策的判断の問題であるが、住む地域や所属組織などの境界を越えた格差是正が求められるという意味で、セーフティネットはより広く張らなければならない。

　また、いわゆる「ナショナル・ミニマム」の問題が再び浮上する。ナショナル・ミニマムはすでに達成されたという見方があるが、「ミニマム」の基準は時代とともに変わる。ソフト化、情報化、グローバル化が進んだ今日、情報や教育の格差は仕事や生活に決定的な格差をもたらすことがある。したがってこれまでとは違った視点から「ミニマム」を再定義する必要がある。

　そのほか、実質的な機会平等を実現するための弱者支援や、再チャレンジのための教育・能力開発支援を進めることも課題であるといえよう。

文献

　太田肇，2003，『選別主義を超えて―「個の時代」への組織革命』中公新書，中央公論新社．

太田肇,2007a,『お金より名誉のモチベーション論』東洋経済新報社.
太田肇,2007b,『承認欲求』東洋経済新報社.
花田光世,1987,「人事制度における競争原理の実態」『組織科学』第21巻第2号.

3章　ゆとり教育政策による格差拡大効果と企業による雇用可能性

浦坂　純子・西村　和雄・平田　純一・八木　匡

1節　序論

　本章では、これまでの研究では重視されていなかった企業の労働者に対する学力評価に注目し、雇用可能性に焦点を置きながら、ゆとり教育政策と所得格差との関連について分析を進める。

　これまで、教育政策と格差との関連については、苅谷(1995)、山田(2004)、白波瀬(2006)、吉川(2006)など、多くの研究が存在する。特に、吉川(2006)では、学歴と格差に関するこれまでの学術的研究を包括的に整理し、計量社会学的手法で教育の格差に与える影響について分析をしている点で、重要な貢献がなされている。この文献の中でも、ゆとり教育政策が階層間格差の拡大の契機になったことが主張されているが[1]、ゆとり教育政策がどのようなメカニズムで所得格差拡大に影響を与えたかについては、十分な議論がなされている訳ではない。本章では、企業が評価した労働者の雇用可能性に焦点を置き、ゆとり教育政策がもたらした格差拡大のメカニズムを明らかにする。

2節　データ

　本章では、2005年度に実施し、一定の結果を得た「教育と企業が求める人材に関する実態調査」を踏襲しつつ、分析に利用可能なサンプル数を拡大することを企図してほぼ同規模で実施した2006年度調査を用いて分析を進める[2]。まず、2006年度調査における主要変数の定義と単純集計結果を**表3-1-1**

表3-1-1 変数リスト

変数名	作成方法
採用満足	高卒正社員の採用実績の質的・量的な面が共に「大いに満足」「どちらかといえば満足」または一方が「大いに満足」「どちらかといえば満足」で他方が「どちらともいえない」を選択＝1
採用不満足	高卒正社員の採用実績の質的・量的な面が共に「大いに不満」「どちらかといえば不満」または一方が「大いに不満」「どちらかといえば不満」で他方が「どちらともいえない」を選択＝1
定着率・質向上	新卒採用の高卒正社員の定着率と質が共に「大幅に向上している」「向上している」または一方が「大幅に向上している」「向上している」で他方が「変わらない」を選択＝1
定着率・質低下	新卒採用の高卒正社員の定着率と質が共に「大幅に低下している」「低下している」または一方が「大幅に低下している」「低下している」で他方が「変わらない」を選択＝1
正社員数	正規従業員数（男女合計）
資本金	資本金（対数値）（万円）

表3-1-2 記述統計量

変数名	サンプル数	平均	標準偏差	最小値	最大値
採用満足	908	0.44	0.50	0	1
採用不満足	908	0.26	0.44	0	1
定着率・質向上	811	0.24	0.43	0	1
定着率・質低下	811	0.43	0.50	0	1
正社員数	1,071	103.36	335.59	0	10,648
資本金	1,088	8.06	1.07	1.10	14.98

および**表3-1-2**で示す[3]。業種としては、「電気機械器具」「一般機械器具」「輸送機械」を対象とし、従業員規模50〜300人、資本金1億円未満という条件の下で抽出された4,821社のうち、743社から回答を得ている。調査票の関連部分については、章末に附録1にて示し、主要回答分布を附録2で示す。

3節　採用不満足度の決定要因に関する数量分析

本節では、どのような企業が労働者の質に関して不満を持ち、量的確保の状況をどのように評価しているのか明らかにするために、順序プロビット法を用いた分析を行う。順序プロビット法とは、順序のみが意味を持ち、数値

の差が意味を持たない変数を説明する時に用いる統計的手法である。ここでは、企業に対して高卒正社員の質に関する不満足度を5段階で聞いているが、不満足度の差自体には意味がないため、不満足度の決定要因を分析する際には順序プロビット法を用いる必要がある。以下では、順序プロビットモデルで用いる説明変数と被説明変数について説明する。

　順序プロビットモデルで説明する被説明変数は5段階の人材確保における不満足レベルであり、採用に対する不満足度が高くなるほど大きな値をとる。次に、不満足度が労働者の学力に対する評価とどのような関係にあるかを見るために、学力評価に関する変数を作る。本研究で実施した調査では、「新卒採用の高卒正社員に欠けていると感じられる項目を3つ答えてください」という質問に対して、9つの項目から3つ選択させている。9つの項目の中には、学力面の資質を表している項目もあれば、人柄とかコミュニケーション能力といった、学力とは必ずしも直接結び付いていない項目もある。これら9つの項目を分離して分析に用いることは、情報集約の面から有効でない。そこで、本章では、1)学校の成績、2)基礎学力(読み書き等)、3)問題解決力・論理的思考力の項目の内で選択された項目の個数を学力不足認識度として与える。また、本調査では、「新卒採用の高卒正社員の質の変化を感じ始めたのはいつごろですか。また変化が感じられる項目を3つ答えてください」という質問に対して、9つの項目から3つを選択させている。ただし、労働者の質的変化についても質問しており、質的に悪化したと回答している企業に関して、1) 学校の成績、2) 基礎学力 (読み書き等)、3) 問題解決力・論理的思考力の項目の内で選択された項目の個数を学力低下認識度として与える[4]。また、本研究で実施した調査では、「高卒正社員の採用に際してどのような資質や能力を保持していることが重要と考えるか」という質問に対して、9つの項目から3つ選択させている。そこで、学力不足・学力低下認識度と同様に、1) 学校の成績、2) 基礎学力 (読み書き等)、3) 問題解決力・論理的思考力の項目の内で選択された項目の個数を学力重視度として与える。

　企業の競争力指標として、資本金、正規および非正規を合わせた社員数、採用率、採用変化率を考えることにより、不満足度と企業競争力との間での

表3-2 採用時における質的満足度決定要因 順序プロビット分析結果

		係数値	標準誤差	Wald	有意確率	95%信頼区間	
						上限	下限
しきい値	[質的満足度=1]	-1.833	.276	44.141	.000	-2.373	-1.292
	[質的満足度=2]	.247	.207	1.415	.234	-.160	-.653
	[質的満足度=3]	-.850	.210	16.331	.000	.438	1.262
	[質的満足度=4]	2.242	.239	87.750	.000	1.773	2.711
位置	総社員数	.000	.001	.488	.485	-.002	.001
	資本金	-1.32×10^{-6}	.000	.149	.699	-8.04×10^{-6}	5.39×10^{-6}
	非正規雇用比率	1.365	.430	10.079	.001	.522	2.208
	2003〜04年採用数変化率	-.140	.077	3.327	.068	-.291	.010
	2004〜05年採用数変化率	.023	.078	.090	.764	-.130	.177
	2005年採用率	.854	2.282	.140	.708	-3.618	5.326
	2004年採用率	2.257	2.837	.633	.426	-3.304	7.818
	2003年採用率	-2.343	2.025	1.338	.247	-6.313	1.627
	採用における学力重視度	.049	.103	.225	.636	-.153	.250
	学力不足認識度	-.101	.119	.726	.394	-.334	.132
	学力低下認識度	.502	.108	21.496	.000	.290	.714

リンク関数:プロビット 疑似$R^2=0.113$

関係をコントロールする。競争力指標をモデルに入れることにより、競争力の違いによって、質の高い労働者を雇い入れることができるという点を考慮に入れながら、学力指標および教育訓練システムの違いと採用時における量的および質的不満足度との関連を分析することができる。

 質的不満足度に関する分析結果は表3-2で示された通りであるが、説明変数として5%有意水準で有意なものとして、学力低下認識度、非正規労働者比率の2変数であることが示されている。この結果は次のように解釈することができる。学力低下認識度が正の値で有意となっている点は、企業の競争条件を部分的にコントロールした場合でも、学力低下の認識が強いほど、採用における質的不満度が高まっていることを示している。学力不足認識度が有意になっておらず、学力低下認識度のみが有意になっている点は、企業が抱く質的不満が学力の水準自体ではなく、学力が低下してきていることを示唆している。また、非正規労働者比率が有意に正となっている点は、非正規労働者比率が高いほど、高卒正社員の採用における質的不満度が高まっていることを示している。

表3-3 採用時における量的満足度決定要因 順序プロビット分析結果

		係数値	標準誤差	Wald	有意確率	95％信頼区間	
						上限	下限
しきい値	[量的満足度＝1]	−1.752	.230	58.104	.000	−2.202	−1.301
	[量的満足度＝2]	−.273	.209	1.715	.190	−.682	.136
	[量的満足度＝3]	.427	.209	4.149	.042	.016	.837
	[量的満足度＝4]	1.458	.228	40.898	.000	1.011	1.904
位置	総社員数	−.001	.001	2.369	.124	−.003	.000
	資本金	1.22×10^{-5}	.000	4.107	.043	4.03×10^{-5}	2.41×10^{-7}
	非正規雇用比率	−.023	.428	.003	.957	−.861	.815
	2003～04年採用数変化率	−.032	.074	.190	.663	−.178	.113
	2004～05年採用数変化率	.080	.077	1.076	.300	−.071	.230
	2005年採用率	.186	2.260	.007	.934	−4.243	4.615
	2004年採用率	−1.921	2.804	.470	.493	−7.417	3.574
	2003年採用率	−.086	1.984	.002	.965	−3.974	3.802
	採用における学力重視度	−.026	.102	.267	.796	−.226	.174
	学力不足認識度	−.290	.117	6.118	.013	−.520	−.060
	学力低下認識度	.409	.106	15.038	.000	.202	.616

リンク関数：プロビット　疑似$R^2 = 0.082$

表3-3では、量的不満足度に関する順序プロビット分析の結果を示している。量的不満足度を説明するモデルにおいて5％水準で有意になっている変数は、資本金、学力低下認識度、学力不足認識度である。量的不満足度に関する分析では、質的不満足度の分析とは異なり、非正規労働者比率が有意となっていない。これは、非正規労働者比率が高い企業であるのか否かは量的不満足度に影響を与えないことを意味している。表2-3にある質的不満足度に関する分析結果と併せて結果を整理すると、非正規労働比率が高い企業は質的不満足度が高いが、量的不満足度は必ずしも高くない。すなわち、量的な面では非正規労働を用いることにより労働需要を満たすが、質的な面では非正規労働によっては労働需要を満足できないことを示唆している。また、学力低下認識度が高いほど量的な不満足度が高いという結果は、学力低下を認知している企業が採用する労働者の質的水準を維持するために、採用者数を抑えていることを示唆している。ただし、学力不足認識度が質的不満足に対して有意ではなかったのに対し、量的不満足度に対して負の符号を取って有意となっている点は、学力不足を認識しながらも、高い学力を必要として

いない企業は、量的には労働力を確保できていることを示している。

上記の採用時における質的・量的不満足度に関するプロビット分析で示された結果の中で、注意すべき点は、資本金、総社員数、採用率、採用変化率といった変数で表される企業の競争条件が、企業の採用における不満足度に大きな影響を与えていない点である。このことから、労働者の質に対する不満足という問題が、中小企業全般にとって深刻な共通の問題となっていることが理解できる。

4節　企業による雇用可能性

前節では、どのような企業が労働者の質に対して不満足度を高めているかについて分析を行った。この分析によって、労働者の質に対する不満足度が学力面に対する評価と強い関連性を持っていることが明らかになった。労働者の質に対する不満足度は、労働者を雇用する際の意志決定に影響を与える。本節では、雇用可能性を労働者の持つ資質が総体として、満足できる水準であることと定義し、前節で分析した労働者の質的満足という意味での雇用可能性の問題と、労働者の学力面に対する評価との関係をより詳細に調べることにする。

学力不足認識度は、過去5年間に採用した高卒正社員に対する評価であるが、この評価は応募者の質に対する評価とも強い関係を有している。図3-1

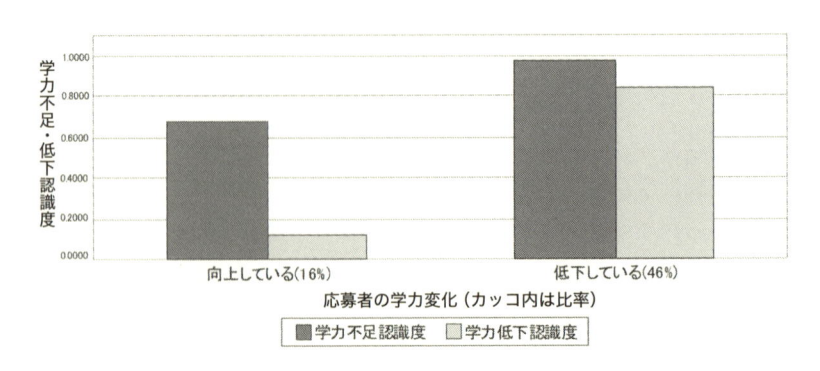

図3-1　学力不足および学力変化認識度と応募者の学力変化

は、応募者の学力が向上していると答えた企業と向上していないと答えた企業を分けて、学力不足認識度と学力低下認識度を示したものである。応募者の学力が低下していると評価している企業は、正社員の学力不足認識度と学力変化認識度も高くなっている。ただし、応募者の学力が向上していると回答した企業でも、学力低下認識度は小さな値となっているものの、学力不足と認識している企業の比率は6割を越えており、学力面で見た雇用可能性が低くなっていることが分かる。さらに、応募者の学力が向上していると回答した企業比率は全体の16%にとどまり、応募者の学力が低下していると回答した企業比率の46%を大きく下回っている。このことから、中小企業の半数近くが学力面で見た雇用可能性問題は深刻化していると理解することができる。

次に、図3-2から示されるように、採用した高卒正社員の質に関して不満足度が高いグループほど、正社員の学力不足の認識度が高くなっていると共に、学力低下を認識していることが示されている。これらの事実は、企業が評価する労働者の雇用可能性の低下と、労働者の学力不足が関連していることを示すものであり、前節での分析結果と整合的なものである。この図からも、学力不足認識度よりも、学力低下認識度の方が、より強く労働者の質に対する不満足度と関係していることが理解できる。

このような雇用可能性の低下が起きている現状において、企業がゆとり教育政策をどのように評価しているかを調べる。まず、指摘すべき重要な点

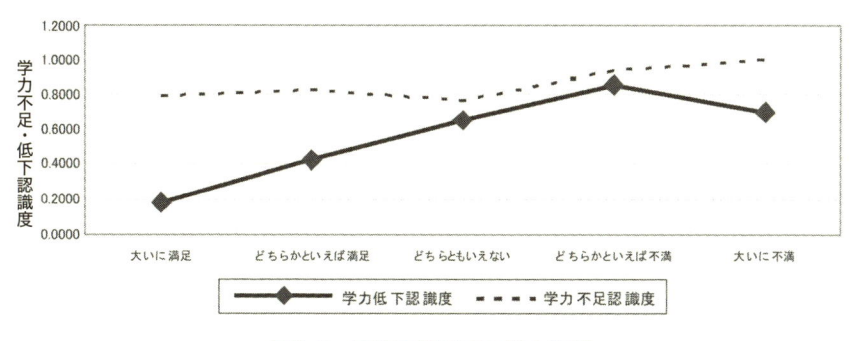

図3-2 量的不満足度と学力評価

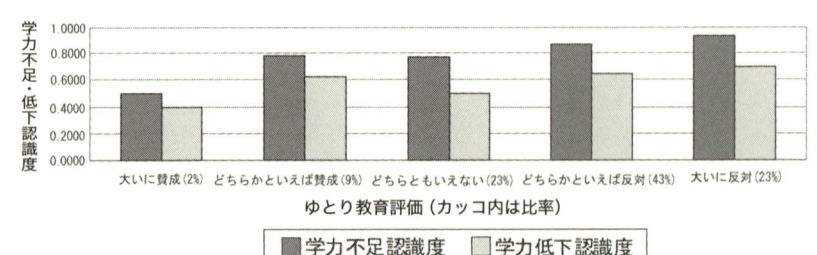

図3-3 ゆとり教育評価と学力不足・変化認識度

は、ゆとり教育政策に対して大いに反対であると回答している企業の比率が23％あり、どちらかといえば反対と回答している企業比率43％を加えると、反対の立場が66％となっていることである。これは、大いに賛成2％とどちらかといえば賛成の9％を加えた賛成の立場を取っている企業比率11％を圧倒的に上回っていることを意味している。さらに、全体の89％を占める「どちらともいえない」と「反対」の立場を取っているグループの中では、反対の度合いが強い企業グループほど、学力不足と学力低下の認識度が高いことが示されており、学力不足に基づく雇用可能性の低下がゆとり教育政策によってもたらされたものであるという企業の判断を示唆している。

表3-4 高卒正社員の採用実績の評価と「ゆとり教育」に対する考え方に関するクロス分析

質的な面	「ゆとり教育」に対する考え方					合計
	大いに賛成	どちらかといえば賛成	どちらともいえない	どちらかといえば反対	大いに反対	
大いに満足	0 (0.0%)	1 (4.2%)	6 (25.0%)	10 (41.7%)	7 (29.2%)	24 (100.0%)
どちらかといえば満足	0 (1.3%)	42 (11.1%)	87 (23.1%)	157 (41.6%)	86 (22.8%)	377 (100.0%)
どちらともいえない	0 (2.6%)	24 (10.3%)	64 (27.6%)	96 (41.4%)	42 (18.1%)	232 (100.0%)
どちらかといえば不満	0 (0.9%)	14 (6.3%)	39 (17.4%)	109 (48.7%)	60 (26.8%)	224 (100.0%)
大いに不満	0 (0.0%)	0 (0.0%)	5 (15.6%)	14 (43.8%)	13 (40.6%)	32 (100.0%)
合計	0 (1.5%)	81 (9.1%)	201 (22.6%)	386 (43.4%)	208 (23.4%)	889 (100.0%)

注：$\chi^2 = 26.34$　$Pr = 0.049$

学力低下と学力不足の認識度が高まるにしたがって、ゆとり教育政策に対して反対の傾向を強めている事実は、現在の労働市場におけるミスマッチ問題の背景に、教育政策における失敗が存在していることを示唆しており、ゆとり教育政策が失業問題の一因となっていると判断することができる。

　この関係をさらに直接的に確認するために、**表3-4**で示された高卒正社員の採用実績の評価と「ゆとり教育」に対する考え方に関するクロス分析結果を見ることにする。この結果から示されているように、採用実績の質的不満足度が高い場合には、ゆとり教育政策に対して反対の立場を取る企業が圧倒的に多くなっていることが確認できる。企業は、雇用可能性の低下が、ゆとり教育政策に起因していると判断していることを示すといって良いであろう。

5節　雇用可能性の低下と格差社会

　格差社会拡大の徴候の1つに、非正規労働者の比率の増大に伴う低所得層の増大がある。この問題に関連して、太田 (2005) がデータで明らかにしたフリーターからの離脱の困難さは、深刻な問題であると考えられる。太田(2005)では、20歳から34歳までの若者の中で、新卒時にフリーターであった者の内、調査時点でフリーターであるものの比率は55％となっていることが示され、年齢が高くなるほどフリーターからの離脱がより困難なものとなっていることが示され、フリーターの職業能力の低さがフリーターからの離脱困難性の要因となっていることが指摘されている。本研究の結果は、企業側が評価した雇用可能性という視点からフリーターからの離脱困難性の背景を窺わせるものとなっている。

　企業が高校卒の雇用可能性が低いと判断した場合、企業は正社員としての採用を行わないことになる。このような評価を受けた労働者は、非正規労働者として働くことになるが、人的能力に見合った仕事しか与えられないことになる。すなわち、雇用可能性が低いためにフリーターとして働き始めると、人的能力の蓄積につながるような仕事に就くことができないため、雇用可能

性が向上しないことになる。そのため、フリーターからの離脱が困難となり、低所得が継続することになる。

　本研究で明らかになった点の1つに、企業は労働者の学力を雇用可能性の1つの重要な要素であると判断していることがある。これまでフリーターに代表される非正規労働者に対する政策として、職業訓練および職業倫理の教育が議論されてきたが、雇用可能性の本質が学力にあるのであれば、フリーターに対する学力再構築のための政策も必要となる。職業能力の形成が、学力基盤の上に行われる場合には、まず学力の再構築を行うことが必要であり、そのためのプログラムを検討する必要がある。フリーターに対するこのような学力再構築プログラムの検討が、格差社会の是正にとって長期的には有効となろう。ゆとり教育政策によって、労働者の雇用可能性が低下し、それによって格差社会が深刻化しているのであれば、ゆとり教育政策のコストを是正するような教育プログラムを検討する必要があるといえよう。

注
1　吉川（2006:159）参照。
2　2005年度調査については、西村他（2006a, 2006b, 2007）を参照されたい。
3　2005年度調査は中小企業大学校の企業台帳、2006年度調査は東京商工リサーチのデータベースを利用している。
4　正社員の質がよくなっていると回答した企業が、どのような項目で質的変化を認識しているかを調べると、コミュニケーション能力等の非学力面での変化が圧倒的な比率となっている。

文献
太田清，2005，「フリーターの増加と労働所得格差の拡大」『ESRI Discussion Paper Series』No.140.
苅谷剛彦，1995，『大衆教育社会のゆくえ―学歴主義と平等神話の戦後史』中公新書，中央公論社.
西村和雄・浦坂純子・平田純一・八木匡，2006a，「企業が求める人材と教育に関する実態調査」『大学論集』第38集，広島大学高等教育研究開発センター，pp.239-255.
西村和雄・浦坂純子・平田純一・八木匡，2006b，『平成17年度中小企業活動支援調

査 人材育成のための教育と評価の研究』独立行政法人中小企業基盤整備機構経営支援情報センター．
西村和雄・浦坂純子・平田純一・八木匡，2007，『平成18年度中小企業活動支援調査 人材育成のための教育と評価の研究』独立行政法人中小企業基盤整備機構経営支援情報センター．
白波瀬佐和子編，2006，『変化する社会の不平等』東京大学出版会．
山田昌弘，2004，『希望格差社会』筑摩書房．
吉川徹，2006，『学歴と格差・不平等』東京大学出版会．

附録1

《教育と企業が求める人材に関する事態調査》(一部抜粋)

原則として2006（平成18）年9月1日現在の状況でお答えください。

F2　貴社の正社員・非正社員数（男・女）（いない場合は0人とお答えください。）

2-5

	男 性	女 性
正社員	人	人
非正社員	人	人

F3　貴社の資本金

約　[　　]　億　[　　]　万円　　6

【貴社が高卒の正社員を採用する場合についてお尋ねします。】

高卒正社員の採用実績がない場合は、問9にお進みください。

問1　高卒正社員の採用に際して現在どのような選抜方法を実施していますか（複数回答可）。不必要なマスは空欄のままで結構です。

1　履歴書等の書類審査
2　SPI等の適性試験　　　　　　　　　　13-17
3　独自の学力試験（小論文等を含む）
4　面接・口頭試験
5　その他（具体的に：　　　　　　）

問2　高卒正社員の採用に際してどのような資質や能力を保持していることが重要だと思いますか。主な項目を3つまで選択してください。不必要なマスは空欄のままで結構です。

　　1　学校の成績　　　　　　6　創造性
　　2　基礎学力（読み書き等）　7　コミュニケーション能力
　　3　就業経験・資格　　　　　8　問題解決力・論理的思考力
　　4　人柄・協調性　　　　　　9　課外活動の実績（クラブ活動等）
　　5　礼儀・マナー　　　　　10　その他（具体的に：　　　　）

　　　　　　　　　　　　　　　　　　　　　　　　　18-27

問3　過去5年間の高卒正社員の採用実績についてどのように評価していますか。質的な面（十分な資質や能力を持つ人材を採用できているか否か）と量的な面（必要な人数を採用できているか否か）に分けてお答えください。

　　1　大いに満足　　　　　　4　どちらかといえば不満
　　2　どちらかといえば満足　　5　大いに不満　　　　　質的な面　　28
　　3　どちらともいえない

　　　　　　　　　　　　　　　　　　　　　　　　　量的な面　　29

問4　どのような種類の高卒正社員の採用を実施していますか。
　　1　新規学卒採用のみ　　　　4　中途採用が中心
　　2　新規学卒採用が中心　　　5　その他（具体的に：　　　　）　　30
　　3　中途採用のみ

【貴社が高卒の正社員を<u>新卒で</u>採用する場合についてお尋ねします。】

問4で3と答えた方は問9にお進みください。それ以外の方に問5～8をお尋ねします。

問5　新卒採用の高卒正社員の定着率について変化が感じられますか。<u>10年前との比較</u>でお答えください。創立してから10年未満の場合は、創立時との比較でお答えください。

　　1　定着率が大幅に向上している　　4　定着率が低下している　　　31
　　2　定着率が向上している　　　　　5　定着率が大幅に低下している
　　3　変わらない

問5　新卒採用の高卒正社員の質について変化が感じられますか。
　　1　質が大幅に向上している　　　　4　質が低下している　　　　　32
　　2　質が向上している　　　　　　　5　質が大幅に低下している
　　3　変わらない

問6で3と答えた方は問8にお進みください。それ以外の方に問7をお尋ねします。

問7　新卒採用の高卒正社員の質の変化を感じ始めたのはいつごろですか。また変化が感じられる項目を、以下の選択肢から3つまでお答えください。不必要なマスは空欄のままで結構です。

　　1　学校の成績　　　　　　　6　創造性
　　2　基礎学力（読み書き等）　7　コミュニケーション能力
　　3　就業経験・資格　　　　　8　問題解決力・論理的思考力
　　4　人柄・協調性　　　　　　9　課外活動の実績（クラブ活動等）
　　5　礼儀・マナー　　　　　　10　その他（具体的に：　　　　）

　　約　　　　年前から　　変化が感じられる項目　　　　　　33-43

問8　新卒採用の高卒正社員に欠けていると感じられる項目を、以下の選択肢から3つまでお答えください。不必要なマスは空欄のままで結構です。

　　1　学校の成績　　　　　　　6　創造性
　　2　基礎学力（読み書き等）　7　コミュニケーション能力　　　44-53
　　3　就業経験・資格　　　　　8　問題解決力・論理的思考力
　　4　人柄・協調性　　　　　　9　課外活動の実績（クラブ活動等）
　　5　礼儀・マナー　　　　　　10　その他（具体的に：　　　　）

附録2

	複数回答選択率
問1-1	83.3%
問1-2	24.2%
問1-3	46.1%
問1-4	98.1%
問1-5	5.9%

	複数回答選択率
問2-1	13.4%
問2-2	43.7%
問2-3	11.5%
問2-4	79.7%
問2-5	49.0%
問2-6	16.1%
問2-7	37.5%
問2-8	23.0%
問2-9	12.6%
問2-10	3.4%

質的な面	選択率
問3-1	2.0
問3-2	46.1
問3-3	21.1
問3-4	26.3
問3-5	4.3

量的な面	選択率
問3-1	8.0
問3-2	44.4
問3-3	25.2
問3-4	17.6
問3-5	4.4

	選択率
問4-1	20.2
問4-2	43.1
問4-3	11.1
問4-4	24.4
問4-5	1.1

	選択率
問5-1	7.1
問5-2	25.3
問5-3	33.3
問5-4	31.6
問5-5	2.7

	選択率
問6-1	0
問6-2	14.7
問6-3	38.8
問6-4	42.9
問6-5	3.6

問7 変化年	有効パーセント
1年前	1.5
2年前	4.4
3年前	9.5
4年前	6.6
5年前	33.6
6年前	3.6
7年前	5.4
8年前	3.6
10年前	25.5
13年前	.7
15年前	4.4
20年前	1.5

	複数回答選択率
問7-1	6.8%
問7-2	42.6%
問7-3	5.4%
問7-4	39.9%
問7-5	68.2%
問7-6	16.2%
問7-7	45.9%
問7-8	27.0%
問7-9	5.4%
問7-10	2.0%

	複数回答選択率
問8-1	4.6%
問8-2	39.2%
問8-3	3.2%
問8-4	26.3%
問8-5	56.2%
問8-6	30.9%
問8-7	46.1%
問8-8	40.6%
問8-9	2.3%
問8-10	3.2%

4章　豊田自動織機の技術者教育

野崎　晃平

1節　はじめに

　最近の若手技術者を見ると、携帯電話やインターネットを駆使することには長けていても、「材料や部品を知らない」「実際のモノづくりを知らない」人が増えている。設計の現場でも、3次元CADなどの高度な機能を使いこなすことは得意でも、実際には「図面を読めない、描けない」、「モノを見てもそれが何か分からない」、「作れない（製品にできない）図面を描く」といった若手技術者が多くなってきた。少し考えればその図面が「作れない」ことは分かるはずなのに、そのことに気が付かない。

　このような技術者の増加は、技術力・モノづくり力の低下を招き、メーカーにとって危機的な状況をもたらす。ここでは、このような状況を未然に防止するため、当社が2007年度に新たに立ち上げた技術系新入社員に対する教育「基礎技術講座」の概要について報告する。

2節　技術教育への取組みの背景

1　若手技術者の技術力の低下

若手技術者の技術力低下の大きな原因として、次の2つが考えられる。

①学力低下

学習時間、範囲が削減されたゆとり教育の導入から、子どもの学力低下を

懸念する声が大きくなっているが、学力低下には、他にも様々な原因がある。

少数科目入試により、従来であれば必須とされていた教科を学ばずとも、その分野の学部に入学ができるという状況が生み出され、また、大学院大学化により、院卒の価値が薄れ、期待される学力が大学の卒業によって担保されなくなっている。

今後の少子化に伴う大学全入時代の到来は、これまで入学に必要であった学力レベルの低下をももたらすと言われる。

これらの問題によって、確実に、学生の学力は低下している。もちろん、これは学校教育だけの問題ではなく、企業も学生の採用にあたって、学力よりも熱意やアルバイト、ボランティアの経験といった学力以外の要素を重視する傾向にあったことも、原因の1つであろう。

学力低下関連の調査データを見ても、算数などの基本的な学力が不足して

1. 次の計算をしなさい

$$\frac{6}{5} \times (\frac{2}{3} + \frac{7}{9}) \div \frac{4}{3} =$$

2. 下図の三角錐の体積を求めなさい

3. 大中小3個のサイコロを同時に振るとき、出た目の合計が9になる出方は何通りありますか。

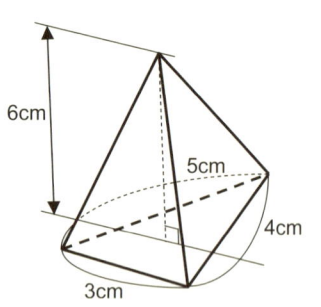

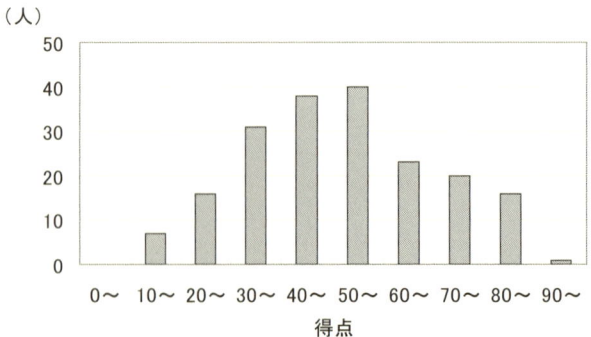

図4-1 算数テスト問題例（上）とその結果（下）

いる学生の増加は顕著である。また、この現象が、一部の限られた大学だけでなく、いわゆる一流と呼ばれる名門校にも見られる。

　教育を考えるにあたり、実際に入社する新入社員の基礎的な学力について、当社も2007年に初めて調査し、翌年の新入社員に対しても同様の調査を行った (図4-1)。

　その結果、「できて当然」と思っていたレベルに達していない者が少なからずいることに衝撃を受け、同時に、技術者として社内で使える人材にするためには、まず基礎的な教育を社内で早急に行う必要があると認識した。

②社内のOJTの弱体化

　これまでの技術者の教育というのは、そのほとんどがOJTによって行われていた。職場の上司・先輩と共に仕事をする中で、考え方や勘所を学んでいたのである。

　しかし、1980年代後半から90年代初頭のバブル景気時代に大量採用された後、今度は極端な採用抑制が行われ、これまで円滑にできていたOJTがうまく機能しなくなった。上司が部下の一人一人に目を配り、きちんと教え込むこと、また、上司や先輩から学び取ろうという関係が希薄化していったのである。

　相互に協力し合うといった職場の「和の心」の崩壊も、若手技術者の技術力低下の原因である。

2　基礎技術講座開講へ

　このような状況を鑑み、新入社員を技術者として社内で活躍できる人材に育成するための教育プログラムを検討することになった。会社トップからも、これからの競争社会を生き抜くためには、技術力の向上が課題であり、技術系人材の教育に力を注ぐことが方針として打ち出された。基礎学力の底上げはもちろん、自動織機の機構の理解を通じて、その発明者であり、当社の社祖でもある豊田佐吉の設計思想に触れる教育も盛り込むことになった。

　こうして、立ち上げられたのが「基礎技術講座」である。新入社員は入社後、

各工場での現場実習を経て、その後約3か月間受講することになる。

3節　目標の設定と実施事項

1　基本的な考え方

①実務に不可欠な基礎知識の習得

技術者として実務上必要な基礎知識を習得させるための講座を考えるにあたり、まずは社内の技術部門へのアンケートを実施し、各事業部が新人技術者に習得しておいてほしいと思う項目とその内容を調査した。この結果に基礎技術講座担当部署の判断を加味して、講座の科目を決定した（**表4-1**）。

次に、習得させたい目標レベルを社内で議論し、講座で教える内容を検討した。新入社員は、機械系、電気系、情報処理系と、様々な専門分野の出身

表4-1　講座一覧

○：実習、演習のある講座

	No.	講座名称	時間 (h)		No.	講座名称	時間 (h)
機械	①	図学・機械製図	30	材料	23	材料の選び方・使い方	28
	2	材料力学	22		㉔	計測器の原理と使用方法	10
	③	機械振動	6		25	実験・評価	4
	④	CAE	8		26	QC入門	4
	5	自動車概論	8		27	品質管理の考え方	8
	6	軽量化設計	6		28	環境技術	2
	7	機械要素	22	一般	29	原価	4
	⑧	ねじ締結	24		30	技術者の心得	4
生技	⑨	油圧機器	16		31	PL法と機密管理	4
	⑩	プレス加工	8		32	技術文書の書き方	4
	⑪	溶接	28		33	情報処理	8
	⑫	機械加工	30		34	知的財産権	2
	⑬	鋳造	14		㉟	エンジン分解組付け実習	24
	⑭	ダイカスト（工場見学含む）	4		㊱	モノづくり体験実習	24
	15	鍛造	6	特別講義・他	37	特別講義　トヨタ流4Sのすすめ	2
	⑯	樹脂成形	6		38	特別講義　4輪操舵システム	2
	17	塗装	2		39	特別講義　からくり	2
	⑱	機械加工、組立工場見学	8		40	技術標準STSの概要と活用方法	2
電気	⑲	エレクトロニクス回路	16		41	グループディスカッション	20
	⑳	エレクトロニクス機器	18		42	産業技術記念館見学	4
	21	カーエレクトロニクス	6		43	実力テスト、個人面談、役員講話	50
	㉒	エレクトロニクス組立実習	20			合計	520

図4-2 到着目標の一例

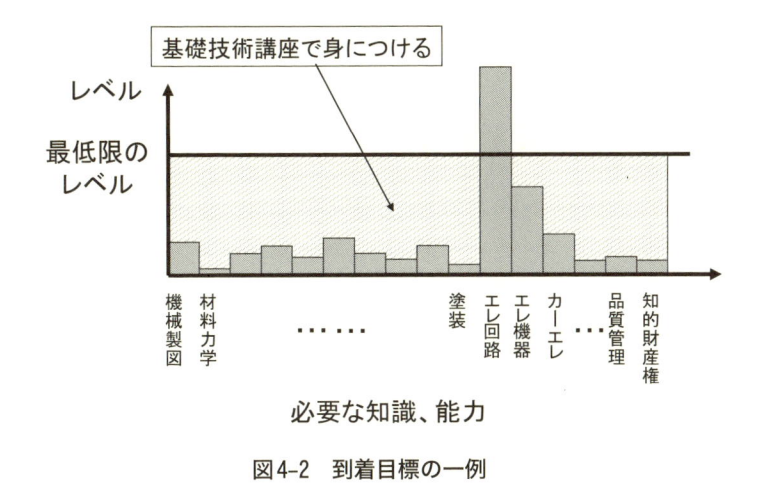

者の集まりである。その全員に対して、自分の専攻の分野についてはもう一度復習し、それ以外の分野については、一定レベルの基礎知識を身に付けさせて、豊田自動織機の技術者として最低限必要とされる技術知識を体得することを目標とした（図4-2）。

②実務での勘所の習得

座学で得た知識も、単なる知識で終わって実務に応用できなくては意味がない。最近の新入社員は、実際にモノに触れていないので、せっかく得た知識をどう使えばよいかが分からない。これに対応するため、「現地現物」の精神を重視し、社内や仕入先の工場を見学したり、現物を教材として講義に用いるだけでなく、得た知識を活用できるようにするための実習も教育に盛り込んだ。これらの活動により、座学で得た知識が真に自分のものとなり、実際の設計に使える形になってゆく。

2　主な実施事項

3節1で述べた考え方に基づき、以下の4項目について実施した。

①基礎教育の実施

基礎教育を実施するにあたって、当社オリジナルのテキストを用いることと各講座間の連携を重視した。

a. オリジナルテキスト

市販されている教科書や参考書は、多くの項目が記述されている反面、実務で必要なことを教えようとすると複数の教科書が必要だったり、不足しているところを補助教材で補ったりしなければならない。当然、市販の教科書に当社の事例は一切掲載されていないので、講義で教わる内容と、当社で製造している製品の関連がつかめず、実務での応用が難しいといった問題がある。また、教科書の難易度もまちまちで、当社の技術系新入社員のレベルと社内各事業部のニーズに適合する教科書を見つけ出すのは至難の技である。

そこで、当社では、オリジナルのテキストを作成した。作成にあたっては実務に即して内容を取捨選択し、初めて学ぶ受講者にも分かるような記述を心がけた。また、すでに初歩的な内容をマスターしている受講生のためには、自分で勉強を進められるように高度な内容も付け加えるようにした。

テキスト作成の際には、できるだけ図表・写真を多用して読みやすく、理

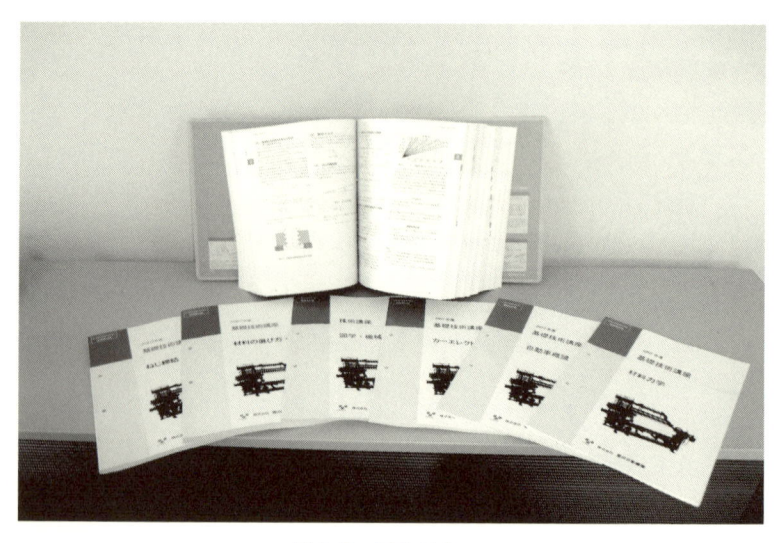

図4-3　テキスト

解しやすいものとなるよう心がけ、当社の事例を数多く掲載してその知識が具体的に実務でどのように使われるか、分かることを目指した（**図4-3**）。

b. 講座間の連携

モノづくりには、多くの技術や知識が必要である。これらの技術や知識と、その相互の関連を理解していなければ優れた製品を生み出すことは不可能である。

そこで基礎技術講座では、各講座で得た知識がきちんと活用できるように、講座間で教える内容を連携させ、受講生が自ら「あそこで得た知識はここで関係する」と理解できるようにした。例えば、各講座で「ねじ」に関する項目を教える場合、「製図・図学」の講座ではボルトナットや締結部分の図面を描かせ、「表面処理」の講座では、ボルトのメッキ、熱処理を教え、「計測・実験」の講座では硬度や締め付けトルクを測定させる。これによって受講生は、ねじという機械要素を通じて、寸法精度、図面への表面処理の表記方法、表面処理後の寸法変化という知識を一体のものとして学ぶことができる（**図4-4**）。

実際に、受講生の日誌のコメントの中にも、「それぞれの知識が組み合わ

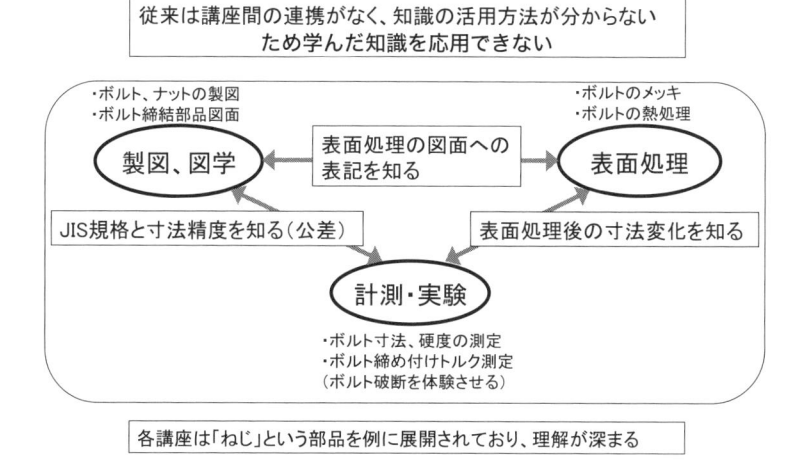

図4-4 講座間の連携モデル

表4-2　体験実習一覧

No.	講座名称	時間 (h)	No.	講座名称	時間 (h)
1	図学・機械製図	10	16	樹脂成形	2
3	機械振動	2	18	機械加工、組立工場見学	8
4	CAE	4	19	エレクトロニクス回路	8
8	ねじ締結	2	20	エレクトロニクス機器	2
9	油圧機器	8	22	エレクトロニクス組立実習	20
10	プレス加工	1	24	計測器の原理と使用方法	6
11	溶接	12	35	エンジン分解組付け実習	24
12	機械加工	20	36	モノづくり体験実習	24
13	鋳造	10		計	164
14	ダイカスト工場見学	1		実習時間／総時間	31%

　　　　：2008年度から新たに実習・演習を始めた講座

され、深くかかわりあっていることを実感した」という意見が多く見られ、受講生の理解の助けになっていることが窺えた。

②モノづくり体験実習（自動織機1/3モデル、エンジン分解組付け他）

　基礎技術講座を行う技術技能ラーニングセンターには、技能専修学園という組織がある。これは、高校卒業後、当社に技能者として入社する者の中から選抜された者を対象に、一層の技能向上を目指し、教育する組織である。

　また、定期的な技能講座も実施され、社内の技能者への教育に取組んでいる。このため、技能教育に必要な実習場と指導員が充実している環境にある。

　基礎技術講座では、この環境を活用して、体験実習を多く実施した（**表4-2**）。

a. G型自動織機1/3モデル分解組付け

図4-5　G型1/3モデル（左）、分解組付け実習風景（右）

前述のとおり、豊田佐吉の発明した自動織機(以下「G型自動織機」という)は、当社の原点である。このため、事務系・技術系を問わず、その設計精神に触れるため、G型自動織機を1/3に縮小したモデル(以下「G型1/3モデル」という)を使い分解組付けの実習を行った。

G型1/3モデルのキットを用意し、組付けながら、G型自動織機の大きな特徴である「異常があれば止まる」「不良品を出さない」「人を機械の番人にしない」などのいわゆる「自働化」の思想の原点を理解し、その機構を学ぶと同時に、信頼性、組付調整、保全性などに関する工夫を学ぶことができる(図4-5)。

b. エンジン分解組付け

2008年度から導入した実習である。

受講者2人に対して1台のエンジンを与え、それを分解する。分解時に、座学で得たエンジンの構造や仕組みの知識を現物で確認するだけでなく、安全な作業方法や工具の使い方も同時に習得する。

分解が終わったら、今度はそれを組付ける。元の状態に組みあがったらエンジンを回す。もちろん、組付けに問題があればエンジンは回らない。エンジンが無事回ったとき、受講者は全員が感動し、モノを作る喜びを味わった(図4-6)。

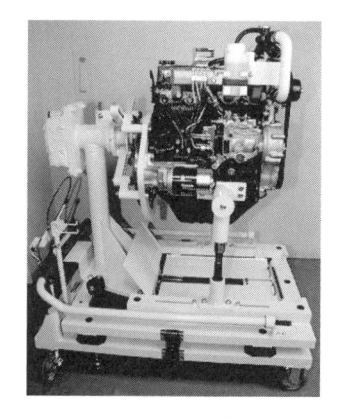

図4-6　エンジン分解組付け実習風景

③現物を見る、触る教育
a. 教材の充実

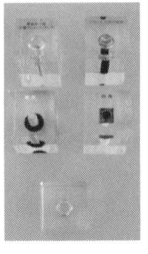

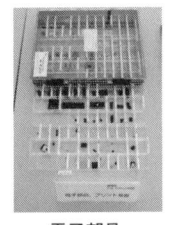

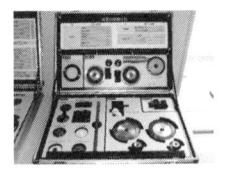

| ヴィッツ | ねじ | 金属材料 | はめあい |

| 電子部品 | パソコン部品 | 軸受け |

図4-7　教材の例

　座学の教室に実際の部品を持ち込み、受講生にできる限り見せ、触れさせた。また、稼動モデルも展示し、講義中や休憩時間などに受講生が積極的に触れられるようにした。テキストに掲載した写真や図も、それらの教材とリンクしているものがある。例えば、講座「自動車概論」のテキストに、使用している鋼材の種類ごとに色分けされたヴィッツの図が掲載されているが、同じ色分けをした実物のヴィッツのカットモデルが展示されている（図4-7, 4-8）。

　講座を初めて学ぶ受講生は、まずそこで使われている専門用語や部品の名称を覚えなければ教科書を読み進むこともできないし、ましてやイメージすることすら覚束ない。実務に使える技術の体得を目的とする受講生には、製品や部品、材料の実物、現物にじかに触れることが非常に重要であると考える。

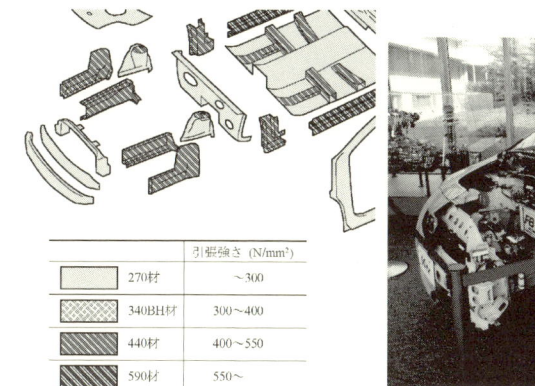

引張強さ (N/mm²)	
270材	～300
340BH材	300～400
440材	400～550
590材	550～

図4-8　講座「自動車概論」のテキストの図とこれに対応するヴィッツのカットモデル

c. ドラフターによる作図

　図面は現在ではCADによる作図が主流であり、数値を入れれば図面ができてしまう。しかも、過去の図面をコピーして、その一部を修正するという「コピー設計」が容易にできるので、結果として、冒頭に述べたように、その数

図4-9　製図実習

値の矛盾に気づかず、作れない図面や品質に問題が生じる図面が出てくる。
　基礎技術講座では、昔ながらのドラフターを用い、鉛筆で作図する演習を取り入れた。ドラフターの使い方、作図の基本を学んだ後、スケッチから図面を起こすまでの一通りの演習を行うことで、技法だけでなく、考えながら作図することを学ぶ（図4-9）。

④設計着眼点の教え込み（社内講師と社内の事例の活用）
　基礎技術講座では、長期にわたって数多くの講座を行うので多数の講師が必要になるが、できる限り社内の講師を起用した。これには、会社で実務に携わっている者が直接教えることで、社内の実例を活用し、より実務的な講義をすること、新入社員である受講生に、先輩としての経験に基づく話をすることで、設計の着眼点や勘所を教え込むといったねらいがある。2008年度は、立ち上げ当初から大幅に社内講師を増やすとともに（図4-10）、社内講師が教える技術をレベルアップさせるため、模擬講義を実施した。
　模擬講義では、講義の様子をビデオで撮影し、講師となった本人ならびに聴講した技術技能ラーニングセンターの教育エキスパートで講義映像を確認しながら、教え方を改善し、教える内容をチェックした。ビデオを見ながら指摘することで、講師本人は欠点に気づくことができた。社内講師の育成は、基礎技術講座の質の向上だけでなく、講師の従来の知識の確認や新たな知識

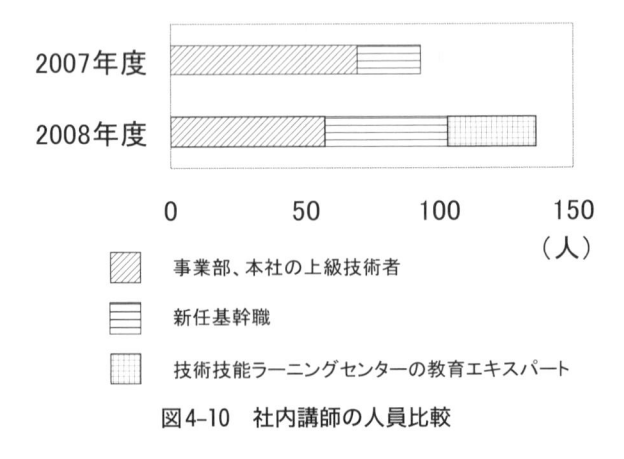

図4-10　社内講師の人員比較

4章 豊田自動織機の技術者教育　61

の吸収など、講師本人の成長にもつながった。また、受講生と直接触れ合った経験が、今後職場でのOJTに活かされるものと考えている。

4節　実施結果

　講座期間中、講座に関するアンケートや実力テストの実施など、講座に関する情報を受講生、講師他関係者から収集した。講座の効果を把握し、さらなる改善に結び付けるためである（図4-11）。

1　講座アンケート結果
①受講生の満足度・理解度・成長度
　受講生に対するアンケートから、受講生の満足度・理解度・成長度を調査した。図4-12に見られるように、満足度については高く、「会社が力を入れてくれているのが分かった」「自分の知識不足が分かった」という意見が寄せられた。
　理解度については、「言葉は覚えたが、理解には至っていない」「講義のスピードが速く、ついていけない」という消極的な意見もあったものの、講座

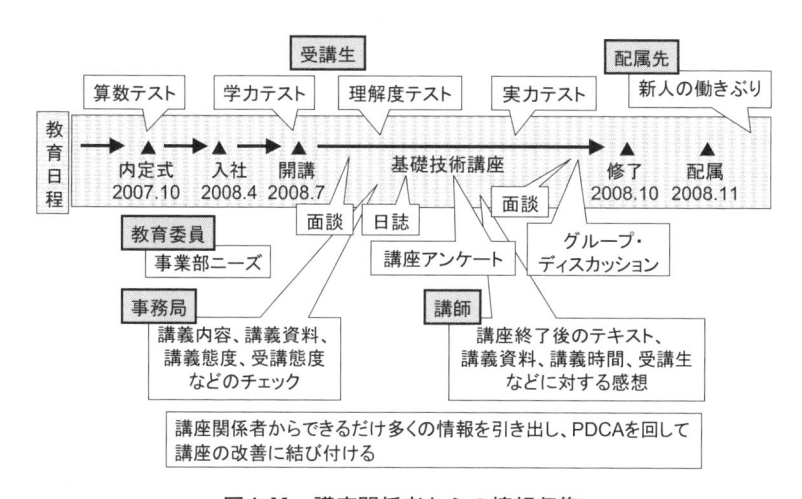

図4-11　講座関係者からの情報収集

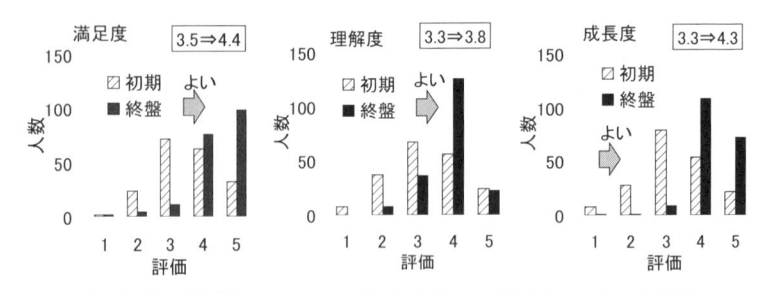

図4-12 受講生アンケート結果（2008年度受講生アンケート調査）

が進むにつれ、理解度が高まっているのが分かる。

　成長度については、講座の後半には、自分が成長したことを感じている人員の割合が大きく増え、「新しい考え方、ものの見方を得ることができた」「モノづくりの考え方が身に付いた」という前向きな意見が寄せられた。

②受講生の意識、姿勢

　講座開講間もない頃は「何をどこまで学べばよいか分からない」「多くの講座を勉強する意味が分からない」という意見があった。しかし、講座終了時には、「専門外のことに興味を持ち始めた」「自分の実力不足を痛感した」というように、否定的・消極的な受け身の姿勢から、行動的・積極的な自発的姿勢へと大きく変わった。

2　講座の評価

　全講座についてアンケートを行い、「分かりやすさ」「講義の進め方」などの15項目について受講生、聴講者で評価をした。改善すべき点の洗い出しもあるが、評価の高いものについては、そのよい所を明らかにし、受講生に分かりやすい講座にするためのノウハウをすべての講師で共有する。

　例えば、2007年度、2008年度と連続して評価が最も高い講座は「ねじ締結」であったが、「ねじ締結」のよい所として指摘された「指名して質問する」「丁寧に回答する」「専門用語を使わない」「重要事項を繰り返す」「ポイントを説明して最後にまとめる」といった点は、その後、全ての講師に展開されるよう

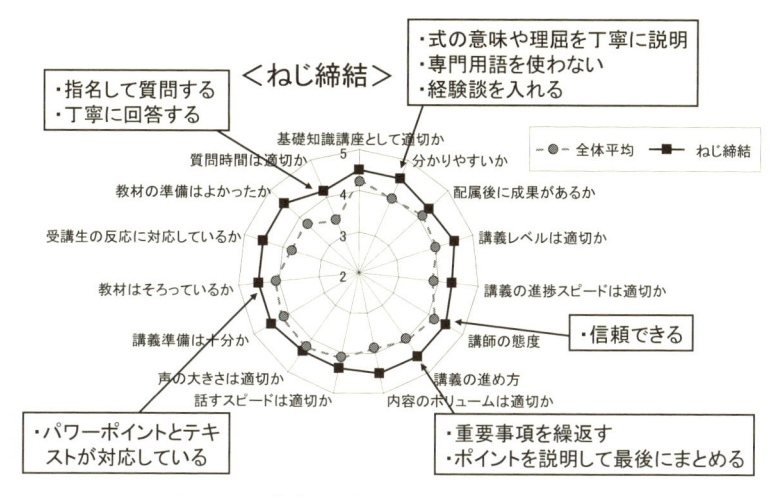

4章　豊田自動織機の技術者教育　63

図4-13　講座の評価結果・講座「ねじ締結」

になった（図4-13）。

3　配属先の評価

　基礎技術講座を修了した受講生の配属先に対して、受講生についてヒアリングを実施した。

　「技術用語を知っているので部内教育がスムーズに進行する」「仕事に溶け込むのが早い」「説明を受けるときは都度メモを取るなどの基本ができている」という仕事に即したよい評価だけでなく、「あいさつがきちんとできる」といった礼儀正しさや「実験で手が汚れることをいとわず、やる気がある」という姿勢についても評価を得ている。

4　追跡調査

　これらの情報から、基礎技術講座については、一定の効果があったことが読み取れる。しかし、真の効果の有無は、これから受講生が技術者としてどのように成長していくかによると言える。それを確認するには、定期的に成長度を確認する必要があるため、今後、受講生が基幹職（管理職）昇格するまで追跡調査を行っていく。

5節　今後の課題

1　テキストの改訂

講座の中で見つかった誤記の訂正はもちろんのこと、具体的な事例、図表、写真をさらに増やし、より分かりやすいテキストにしていく。また、将来的には、視覚・色覚に何らかの問題がある人でも識別できるフォントや色を用いるというように、ユニバーサルデザインにも配慮していく予定である。

2　教材の充実

カットモデル、機構モデルなど、教室に持ち込み、受講生に見て・触らせる教材をさらに今後も増やしていく。講義以外のときは、展示をし、来社した人たちにも見せられるようにして、技術的な関心を高められる環境作りもしていく。

3　実習の充実

現地現物によって理解度を深めるために効果のあった実習については、一層の充実が必要である。2008年度の実習は、これを踏まえて、2007年度よりも時間数を増やした（図4-14）。2009年度以降は、座学と連携した実習の企画や、従前の実習の充実を検討していく。

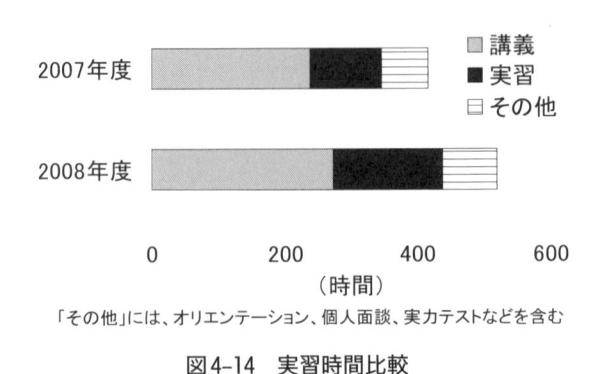

「その他」には、オリエンテーション、個人面談、実力テストなどを含む

図4-14　実習時間比較

4　心身の育成

　技術的な知識を身に付けることは基礎技術講座でできても、社会人としての心身の育成については、基礎技術講座の中で特段の時間を設けていない。

　ただし、例えば、3節2項の②で触れた技能専修学園では、毎朝のランニングによる基礎体力の強化、指導者へのあいさつの徹底、共同作業によるチームワークなど、学園生の心身育成にも取組んでいる。

　基礎技術講座でも、あいさつの励行の他、講座の中でのグループディスカッションや実習での共同作業などで、ある程度の協調性やチームワークを行う力を育めるようにはしているが、正式なカリキュラムとしては、取組んでいないのが実情である。

　最近の若い人に不足しがちなストレス耐性を身につけ、組織の中で周囲と協力して仕事を進められるような心身育成を、今後どのようなカリキュラムで行うか、考えていかなければならない。

6節　おわりに

　基礎技術講座開講からまだ2年目であり、長期的な効果はこれから明らかになっていくが、講座終了後の受講生、配属先、また見学に来る社外者からは高い評価を得ているといえる。
しかし、学力低下が著しいであろうと言われる2002年の指導要領に基づく教育を受けた世代が入社してくるのはこれからであり、常にそのレベルに見合った教育を考え続けなければならない。

　本来学校で基礎的な学力は培われているという前提も、会社の中で働きながら自然に学べる体制も、もはや崩れつつある。この現実を認識し、基礎技術講座の開講に取組んでいるが、これからの人材育成をどうすべきか考えるとき、一企業内の取組みだけでは限界がある。初等教育から始まり、高等教育を経て、社会に出るまでを1つの流れとして捉え、基礎学力の定着から応用まで、一貫した教育を実践していくべきである。日本の「モノづくり」の発展のためにも、教育界に対して、ぜひこのような教育に向けての検討を提

言したい。

　当社としても、現在の取組みを引き続き実施し、さらに強化すると同時に、学校をはじめとする各教育機関とも協力した人材育成を考えていきたい。

文献

岡部恒治・戸瀬信之・西村和雄，1999，『分数ができない大学生』東洋経済新報社．
―――――，2001，『算数ができない大学生』東洋経済新報社．
筒井勝美・西村和雄・松田良一，2004，『どうする「理数力」崩壊』PHP研究所．
西村和雄編，2001，『学力低下と新指導要領』岩波書店．

5章　学校における職業教育の経済効果

玄田　有史・佐藤　香・永井　暁子

1節　はじめに

　本章は、10代における学校での職業教育プログラムの実践が、その後の就業状況に与える影響を実証分析する[1]。

　高等学校における職業教育は、農業、工業、商業、水産、家庭、看護など職業に関する教育を行う専門高校を中心に行われており、2004（平成16）年5月時点で専門高校の生徒数は、約79万人にのぼった。その数は高等学校の生徒数全体の21.2％を占め、学校数も1,952校（全高校の36％）に達している。2003（平成15）年度からは専門教科として「情報」および「福祉」が創設されるなど、社会的ニーズの高まりつつある職業についての学校教育はさらに重視されつつある。

　文部科学省（旧文部省）「学校基本調査」によれば、職業に関する専門高校からの就職率は、高度成長末期の1970（昭和45）年には85.5％に達するなど、高い就職実績を挙げてきた。だが、その後の低成長期に就職率は低下し、2003年には過去最低となる43.6％まで落ち込んでいる。就職率が低下するとのは裏腹に、進学する卒業生の割合は増え続け、2004（平成16）年3月卒では19.1％が大学・短大に、26.4％が別の専門学校へ進んでいる。

　一方、学校における職業教育の重要性に関する認識は、専門高校にとどまらず、普通高校やさらには小中学段階においても広がりを見せている。2004（平成16）年1月に文部科学省は「キャリア教育の推進に関する総合的調査研究協力者会議報告書」を公表した。産業・経済の構造的変化や雇用の多様化・

流動化、それに伴う就職・就業をめぐる環境変化の中、「児童生徒一人一人のキャリア発達を支援し、それぞれにふさわしいキャリアを形成していくために必要な意欲・態度や能力を育てる教育」として、初等中等教育におけるキャリア教育の必要性が謳われた。そこでは、キャリア教育とは「児童生徒一人一人のキャリア発達を支援し、それぞれにふさわしいキャリアを形成していくために必要な意欲・態度や能力を育てる教育」と捉え、端的には「児童生徒一人一人の勤労観、職業観を育てる教育」であると表現されている。

若年層の高い失業率や、フリーター、ニートと称される若者の増加が懸念される中、2003（平成15）年6月に政府はいわゆる骨太の方針として「若者自立・挑戦プラン」を取りまとめた。同プランの中でもキャリア教育の推進は、若年の就業環境を改善させるための柱の1つと位置づけられてきた。具体的には義務教育段階からの組織的・系統的なキャリア教育の推進やインターンシップなどの職業体験の推進が求められた。その1つとして、2004（平成16）年に策定された若者自立挑戦プランのためのアクションプランでは、中学校を中心に5日以上の職業体験を実施する「キャリア・スタート・ウィーク」の全国展開の実施が計画されるところとなった。

キャリア教育は、高校段階までにとどまらず、最近はむしろ大学などの高等教育機関でプログラムの検討、実践が試みられている。積極的実施の理由として、少子化が進む中、一定数の入学希望者を確保するため、卒業後の就職実績が大学選択の重要なポイントになるという意識を大学経営者が強く持っていることも推進を後押ししている[2]。

学校段階での適切な職業教育をキャリア教育として実施する背景には、その後の職業人生に重要な効果を持つという認識がある。しかし、学校段階における職業教育が、卒業後の就業状況にいかなる影響を及ぼすかについて、実証的に検討した定量的研究事例は少ない。そこで本論文では、20代から50代に実施した独自のアンケート調査に基づきながら、10代で経験した学校における職業教育が、その後の就業にどのような影響をもたらしているかを実証分析する。

2節　職業教育の変遷

　戦後の日本では、学校教育の場で行われてきた職業教育は極めて部分的なものだったと言わざるをえない。新制中学校は1947年に発足したが、学校教育法 (36条) による規定には「社会において必要な職業についての基礎的な知識と技能、勤労を重んじる態度および個性に応じて将来の進路を選択する能力を養うこと」という条項が含まれていた。しかしながら、そのために設置された教科は職業家庭科のみであり、その教育内容は職業についてのガイダンスや情報提供にとどまり、観念的なものであった (中野　2002:171-172)。またその後の急速な進学率の上昇とともに、職業家庭科そのものが不要であるという認識も広まった。

　一方、1948年に発足した新制高校においても、職業教育 (指導) は進路に関する指導の中心とはみなされてこなかった。背景には、粒来 (1999) が整理したように、1950年の高校進学率は全国で38％程度にすぎず、その20％以上が働きながら学ぶ定時制高校生だった事実がある。当時、15歳人口の70％近くがすでに何らかの職業に就いており、高校での新たな職業教育を必要としていたのは少数派だったと言える。さらに、高度経済成長期に入ると、「職業指導」という名称が就職指導や職業斡旋に重点を置くかのような印象を与えるということで「進路指導」に変更されたことからも示唆されるように、「良い学校、良い会社、良い人生」を基調とした偏差値による進路指導が次第に主流となっていった (三村　2005)。さらに新制大学における職業教育が長く低調であったことは言うまでもない。かつては「大学は、学生を就職させるためにあるのではない」と言い切る教員も少なくなかった (大江　2001)。

　こうして、戦後数10年にわたって「職業教育」は学校関係者の中でも、ほとんど重要視されることはなかった。小杉 (2006:205-206) が指摘するように、義務教育修了時点では職業教育の重要性が意識されないまま高校段階に先送りされ、高校でも職業的選択を支える教育は、あくまで付随的なものでしかなかったと言える。ところが、1990年代後半期以降、若年者の就職状況が

深刻化すると、その重要性がにわかにクローズアップされるところとなり、就業に効果的な教育として、新たに「キャリア教育」という名称が与えられた。

前掲した三村 (2005) によれば「キャリア教育」という名称が公文書に初めて登場したのは1999年における中央教育審議会答申「初頭中等教育と高等教育との接続の改善について」であるという。ここでは、キャリア教育の内容が「望ましい職業観・勤労観および職業に関する知識や技能を身に付けさせるとともに、自己の個性を理解し、主体的に進路を選択する能力・態度を育てる教育」であることが述べられている。

このように、かつての職業に教育が必ずしも重視されない状況が続く中では、その効果に関する厳密な検証が伴ってこなかったのは、ある意味では当然と言えるかもしれない。その一方で、近年のキャリア教育を重視する傾向の強まりの中で、職業生活の改善、向上につなげるためには、どのような実践的な職業教育が有効なのかを検証することの意義は小さくない。そこで以下では、筆者らが独自に実施した、過去に経験した職業教育の内容と、その後の就業状況に関する調査を用いた実証分析を行う。

3節　データ

本章で用いるデータは東京大学社会科学研究所・希望学プロジェクトが2006 (平成18年) 1月に実施した「仕事と生活に関するアンケート調査」である。調査は世論調査や市場調査を専門とする調査研究機関である社団法人・輿論科学協会を通じ、訪問留置で実施した。対象は全国の20歳以上59歳以下の男女であり、最終的に2,010名から回答を得た。調査対象の選定では男女比のみならず、20代、30代、40代、50代の各年齢構成に偏りが生じないよう配慮した結果、女性比率は49.4％、年齢構成は20代(22.2％)、30代(27.2％)、40代(22.7％)、50代(27.9％) となった。

アンケート調査では、学生時代の就業に関する希望の他、卒業後の就業状況などについて詳しく尋ねている。その調査項目の中に、中学生から20歳になるまでに経験した職業教育に関する質問項目がある。その中に学校にお

ける職業教育の経験に関連する内容として、以下の項目が用意されている。

(1)学校で職業や仕事について先生が授業を行った
(2)社会人が学校に来て仕事についての話をした
(3)自分たちが社会人に質問や調査に行った
(4)中学校で、実際に職業を体験する授業があった
(5)高校で、実際に職業を体験する授業があった
(6)大学、専門学校などでインターンシップを体験した

以上の項目の中からそれぞれの経験の有無を複数可として回答を求めた項目があり、この回答状況を用いて10代での学校における職業教育の経験を把握している。

図5-1は、20代から50代が、このうちどのくらいのプログラムを実際に経験してきたかを示したものである。図をみると、最多は経験したプログラム

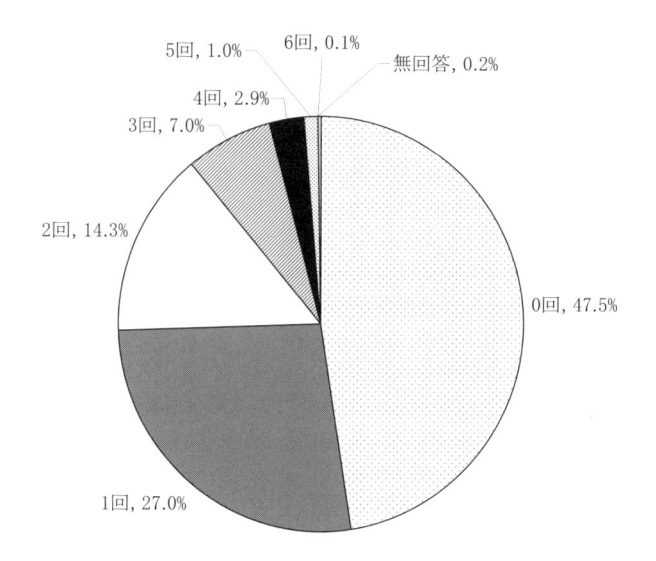

図5-1　学校で経験した職業教育プログラム数

0回, 47.5%
1回, 27.0%
2回, 14.3%
3回, 7.0%
4回, 2.9%
5回, 1.0%
6回, 0.1%
無回答, 0.2%

数がゼロの場合であり、回答者全体の47.5%と、ほぼ2名に1名が中学入学以降10代で全く職業教育を受けなかったと答えている。

職業教育を経験した人々の中では、1回だけというのが最も多く、27.0%となっている。次いで2つのプログラムを経験した場合が、その約半数の14.3%である。反対に4つ以上のプログラム経験者は4.0%にすぎない。ここからは、先の歴史的経緯が示す通り、現在の成人のほとんどが学生時代に十分な職業教育を経験してきたとは言えないことが分かる。

調査では先の質問に続き、「そのうち、実際に仕事をする上で、特に役に立ったと感じるものは何ですか」という項目が用意され、経験した職業教育の有効性に関しても同じく複数回答可として問われている。これによって、経験した職業教育のうち、実際の仕事上で有効であったと認識されたプログラムと、そうでないプログラムによって、就業に与える実践的効果がどの程度異なるかも知ることができる。

図5-2には、実際の職業に有効だった職業教育の経験数を示した。図からは役に立つ職業教育を全く受けたことがないという割合は70.8%に達して

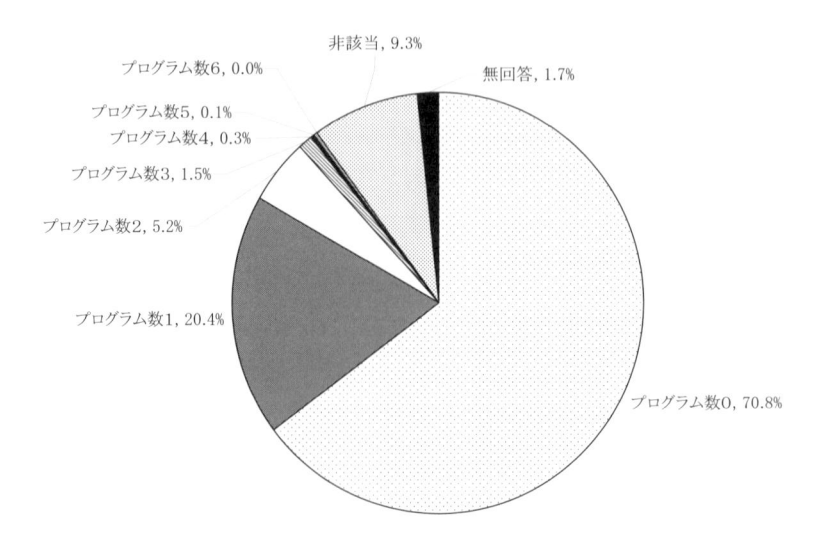

非該当, 9.3%
プログラム数6, 0.0%
無回答, 1.7%
プログラム数5, 0.1%
プログラム数4, 0.3%
プログラム数3, 1.5%
プログラム数2, 5.2%
プログラム数1, 20.4%
プログラム数0, 70.8%

図5-2 学校で経験し、その後仕事に役立った職業教育のプログラム数

いることが分かる。有効な職業教育を受けた人の中でも、その大半が1回だけであり、複数の有効なプログラムを経験した人々は、ごくわずかにすぎないのが実情である。

このように、10代で十分な職業教育を受けてきたと感じている成人は多くない。では、限られた職業教育の経験のうち、実際にどのようなプログラムを受け、かつ仕事上有効であると認識しているのだろうか。図5-3には、回答者全体に占めるプログラムごとに、受けた経験と有効だったと認識している割合を示したものである。

経験した教育のうち、最も多いのは学校での職業や仕事についての先生の授業であり、全体の36.7％が経験している。次いで多いのは、社会人が学校に来て仕事の話をしたという経験の16.7％となっている。これまで行われてきた職業教育は、そのほとんどが学校内部で行われたものであり、外部はせいぜい高校時代の職業体験授業が12.3％、自分たちで社会人に質問、調査した経験が11.7％ある程度である。国立教育政策研究所の調べによると、近年、中学校の職業体験は、全公立中学校の約9割が何らかの形で実施しているが、かつて学校教育を経験した20代から50代では経験者の割合は1割にも満たないのが現状である。

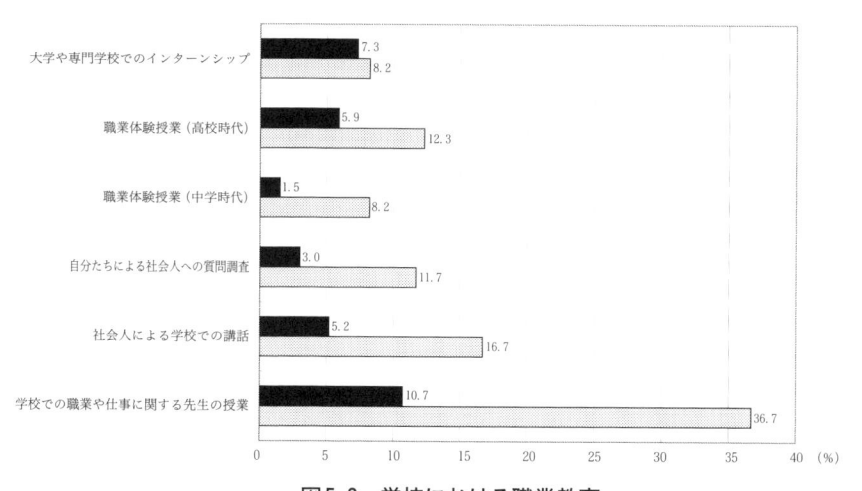

図5-3 学校における職業教育

図5-3によれば、仕事に有効だったと感じる職業教育について最も評価が高いのは、学校での先生による話であるが、それでも全体の10.7%にとどまり、実際に授業を経験した人の中で有効性を感じているのは3割にも満たない。その他の教育プログラムについては、大学や専門学校でのインターンシップの評価が相対的に高いものの、有効と感じる割合は、おしなべて低いことが分かる。

1990年代末から、全公立中学校における5日間にわたる地域体験授業が、兵庫県では「トライやる・ウィーク」として、富山県では「社会に学ぶ14歳の挑戦」として実施されている。それぞれ体験した中学生や高校生に対するアンケート調査をみると、実施の意義について、極めて高い評価を経験者は与えている。例えば、トライやる・ウィークの5年目の成果を検証した報告では、過去に経験した高校生の9割以上が、後輩への体験教育の継続を希望していることや、不登校生徒のうち全日参加した生徒の約4割について、実施1か月後の登校率が上昇した実績などが報告されている(「トライやる・ウィーク」評価検証委員会 2003)。

ここでの20代以上を対象としたアンケートには、1990年代末から実施されている兵庫県や富山県の取り組みのような長期にわたる職場体験の経験者は含まれていない[3]。職場体験を中学校で経験していたとしても、そのほとんどが1日か、2日程度のものと考えられる[4]。図5-3をみる限り、兵庫県や富山県のケースとは異なり、少なくとも過去の大部分を占めた短期間における中学校の職場体験授業は、その有効性を評価されていない。いずれにせよ、以上からは、現在の20代から50代が10代の学生時代に体験した職業教育は、量的にも、質的にも十分なものであったとは言えないようである。

4節　職業教育の効果

現在、キャリア教育を推進するにあたり、学校、地元産業、経済団体、行政機関、PTA等、関係機関等の連携・協力による支援システム作りの重要性が指摘されている(文部科学省「キャリア教育の推進に向けて」(2005(平成17)年

5月))。だが、連携の一端を担う関係者が、自分自身として職業教育を経験していなかったり、さらには有効性を実感していない場合、その意義を理解し、積極的に推進するには困難が伴うことも考えられよう。

その一方で、限られた人数や経験ではあるが、学校時代に職業教育を経験し、仕事をする上で一定の意義を感じている場合もあるかもしれない。そこ

表5-1 分析に用いた変数の標本数と構成

	標本数	構成(%)
(説明変数)		
学校で職業教育		
経験したことがある	1,051	52.29
経験したことがない(無回答を含む)	959	47.71
学校での職業教育の有効性		
学校で職業教育を受け、うち仕事に役立ったものがある	465	23.31
学校で職業教育を受け、うち仕事に役立ったものがない	571	28.62
学校で職業教育を受けなかった(無回答を含む)	959	48.07
性別:		
男性	1,018	50.65
女性	992	49.35
最後に通った学校:		
中学校	72	3.58
高校	891	44.33
(高校卒業後)各種専門学校	310	15.42
短大・高専	228	11.34
4年制大学	459	22.84
大学院	23	1.14
その他	19	0.95
不明	8	0.40
(被説明変数)		
昨年1年間の年収(税引き前)		
なし	240	11.94
130万円未満	428	21.29
130〜300万円未満	453	22.54
300〜500万円未満	379	18.86
500〜800万円未満	271	13.48
800〜1,000万円未満	66	3.28
1,000〜1,800万円未満	39	1.94
1,800万円以上	2	0.10
不明	132	6.57
最後に通った学校の学卒状況:		
中退した	120	6.01
卒業した	1,878	93.99
最後に通った学校を卒業(中退)した翌年の主な状況:		
正社員として働いた	1,412	70.25
その他	598	29.75
過去、仕事に「やりがい」を感じた経験		
ある	1,697	90.17
なし	185	9.83

注:説明変数には、その他に年齢も含む。年齢の平均は40.18、標準偏差は11.48、最少および最大はそれぞれ20、59であった。
　　また有効だった職業教育のうち、職業教育を経験していない場合の回答エラーは除いた。

で学校時代の職業教育の経験が、どのような効果をもたらしている可能性があるかを、上記のデータを用いた計量分析によって明らかにする。

調査に含まれる回答からは、20代から50代の回答者について、年齢、性別、最終通学歴等の個人属性を知ることができる。これらの属性に関する説明変数をコントロールした上で、学校時代の職業経験が、就業状況に与える影響を計量分析する。

学校時代の職業教育については、先に挙げた6つの教育プログラムのうちなんらかの経験を有する場合のダミーを説明変数に加える場合と、職業教育を経験した人々について、さらに仕事上有効であると感じた教育を受けたことがあるケースと、そうでないケースに分け、ダミーに加えた場合の両方を検討していく。表5-1には以下の推定で用いる説明変数についてケース別標本数と構成比が示されている。

1 収入に与える効果

職業教育が人的投資を促進し、それによる労働生産性の向上が高付加価値をもたらすとすれば、その利得は本人が獲得する収入の増加へとつながるだろう。職業教育の実践が、そのような所得向上効果をもたらしているのだろうか。

調査では、昨年1年間の税引き前年収（年金、株式配当、不動産収入などを含む）を所得階層データから1つ選択することになっている。同データを用いて、年収に関する区間回帰分析（interval regression）を行った結果が表5-2である[5]。

説明変数には、ミンサー型の稼得収入関数の推定に用いられる性別、年齢、年齢（2乗）、最終学歴に加え、学校時代の職業教育経験に関するダミー変数を用いた。推定結果からは、性別は男性に比べて女性の年収は少なく、年齢と所得の関係は逆U字型の関係が存在し、教育年数が長くなるほど年収も増加するといった、通常の収入関数の推定と同様の傾向が観察される。

一方、学校時代の職業教育の経験があったことを示すダミー変数の係数は、統計的に有意ではない。さらには、経験すると同時に仕事をする上で役に立ったと感じる教育プログラムがあったと認識している人ですら、その経験が所

5章　学校における職業教育の経済効果　77

表5-2　学校における職業教育が所得に与える影響

(2-1) 学校時代に何らかの職業教育の経験有無

説明変数	昨年1年間の年収（税引き前）	
	係数	漸定的 t 値
女性ダミー	-282.23	-24.95 ***
年齢（連続変数）	19.13	5.10 ***
年齢2乗／100	-15.88	-3.45 ***
最終通学歴〈高校〉		
中学	-82.46	-2.85 ***
専門学校	-0.05	0.00
短大・高専	13.94	0.77
4年制大学	100.88	7.33 ***
大学院	140.97	3.05 ***
その他	-80.05	-1.30
不明	-50.15	-0.55
学校時代の職業教育〈経験なし〉		
経験あり	0.32	0.03
定数項	-51.31	-0.70
ln sigma	5.27	265.30
サンプル・サイズ	1,489	
Log lokelihood	824.71	

(2-2) 学校時代の職業教育の経験＆仕事上役に立った経験有無

説明変数	昨年1年間の年収（税引き前）	
	係数	漸定的 t 値
女性ダミー	-281.29	-24.74 ***
年齢（連続変数）	19.27	5.12 ***
年齢2乗／100	-16.04	-3.46 ***
最終通学歴〈高校〉		
中学	-82.23	-2.81 ***
専門学校	1.96	0.12
短大・高専	14.99	0.82
4年制大学	101.60	7.36 ***
大学院	141.92	3.07 ***
その他	-85.17	-1.32
不明	-48.11	-0.52
学校時代の職業教育〈経験なし〉	-3.93	-0.25
経験あり	3.22	0.25
定数項	-55.07	-0.74
ln sigma	5.28	264.72 ***
サンプル・サイズ	1,484	
Log lokelihood	813.77	

注1：*（有意水準10%）、**（5%）、***（1%）。
注2：学校時代の職業教育に関するリファレンスは「学校における職業教育に関する経験なし」。

得に対してプラスの影響を及ぼしてはいないことが分かる。

　以上の結果を見る限り、現在の20代から50代の成人にとって、10代のときに受けた職業教育は、年収を増加させる効果にはつながっていないことが分かる。

2　学校からの移行プロセス

　調査では所得以外に就業に関連する設問として、学校から職業への移行過程に関する項目がある。それによると、最後に通った学校を卒業せず、中退した場合が、表5-1にあるとおり、有効回答のうち6%存在する。そこで、学校を中退した経験を持つ確率を、性別、年齢、最終学歴に、職業教育の経験を説明変数としてプロビット推定した結果が、**表5-3**に示されている。

　中退経験を持つ確率は、若い年齢層ほど高くなっている。学歴では、高校卒業後に専門学校に通った場合や、短大・高専に通学した場合ほど、それらを中退する確率は低くなっている。これらの結果からは、職業に対してより

表5-3 学校における職業教育が有意な影響を与えるケース

(2-1) 学校時代に何らかの職業教育の経験有無

	最後に通った学校を中退			学卒後翌年に正社員として就業			仕事に「やりがい」経験あり		
説明変数	係数	限界効果	漸定的 t 値	係数	限界効果	漸定的 t 値	係数	限界効果	漸定的 t 値
女性ダミー	-0.0221	-0.0025	-0.23	0.0346	0.0118	0.55	-0.2216	-0.0358	-2.56 **
年齢(連続変数)	-0.0177	-0.0021	-4.15 ***	0.0228	0.0078	8.36 ***	0.0196	0.0031	5.12 ***
最終通学歴〈高校〉									
中学				-0.7225	-0.2756	-4.61 ***	-0.1233	-0.0214	-0.61
専門学校	-0.2924	-0.0192	-2.06 **	-0.1778	-0.0627	-2.03 **	0.4349	0.0566	3.20 ***
短大・高専	-0.3745	-0.0340	-2.15 **	0.1461	0.0483	1.41	0.3292	0.0446	2.40 **
4年制大学	-0.0435	-0.0042	-0.38	0.1777	0.0590	2.21 **	0.3168	0.0456	2.83 ***
大学院	-0.2976	-0.0266	-0.64	0.1797	0.0582	0.62	0.5325	0.0595	1.12
その他	0.1309	0.0183	0.33	-0.1392	-0.0493	-0.46			
不明				-0.1652	-0.0588	-0.37	-0.6120	-0.1418	-1.23
学校時代の職業教育									
経験あり	-0.1960	-0.0227	-2.08 **	0.1985	0.0679	3.19 ***	0.2339	0.0379	2.78 ***
定数項	-0.6527		-3.33 ***	-0.4871		-3.68 ***	0.3619		2.01 **
サンプル・サイズ		1,926			2,010			1,867	
Log lokelihood		26.85			113.35			55.31	
疑似決定係数		0.0299			0.0463			0.0458	

(2-2) 学校時代の職業教育の経験&仕事上役に立った経験有無

	最後に通った学校を中退			学卒後翌年に正社員として就業			仕事に「やりがい」経験あり		
説明変数	係数	限界効果	漸定的 t 値	係数	限界効果	漸定的 t 値	係数	限界効果	漸定的 t 値
女性ダミー	0.0121	0.0013	0.13	0.0300	0.0103	0.47	-0.2382	-0.0376	-2.71 ***
年齢(連続変数)	-0.0171	-0.0019	-3.94 ***	0.0216	0.0074	7.84 **	0.0200	0.0031	5.12 ***
最終通学歴〈高校〉									
中学				-0.7185	-0.2742	-4.56 ***	-0.0757	-0.0125	-0.36
専門学校	-0.2697	-0.0139	-1.88 *	-0.2053	-0.0728	-2.32 **	0.3977	0.0514	2.89 ***
短大・高専	-0.3980	-0.0289	-2.16 **	0.1071	0.0358	1.02	0.2876	0.0389	2.07 **
4年制大学	-0.0307	-0.0025	-0.27	0.1717	0.0572	2.13 **	0.2991	0.0423	2.66 ***
大学院	-0.2659	-0.0230	-0.57	0.1504	0.0492	0.52	0.5055	0.0561	1.06
その他	0.2376	0.0302	0.59	-0.2826	-0.1032	-0.90			
不明				-0.2017	-0.0725	-0.45	-0.6661	-0.1560	-1.35
学校時代の職業教育									
経験あり&役に立った	-0.4718	-0.0454	-3.34 ***	0.3384	0.1094	4.24 ***	0.4293	-0.0581	3.69 ***
経験あり&役に立たなかった	-0.0554	-0.0034	-0.52	0.0729	0.0247	1.00	0.1387	-0.0209	1.42
定数項	-0.6977		-3.49 ***	-0.4240		-3.17 ***	0.3639		2.00 ***
サンプル・サイズ		1,912			1,995			1,855	
Log lokelihood		37.68			119.27			62.42	
疑似決定係数		0.0423			0.0490			0.0524	

注1:*(有意水準10%)、** (5%)、*** (1%)。
注2:学校時代の職業教育に関するリファレンスは「学校における職業教育に関する経験なし」。

実践的な教育を行う学校教育ほど、中途退学を抑制する機能を有していることが示唆される。

さらに推定結果からは、これらの学歴をコントロールしても、学校時代における職業教育の経験は中途退学する確率を有意に引き下げていることが分かる。表中にある限界効果をみると、職業教育を経験すると、そうでないケー

スに比べて、中退確率を2.3％低下させることにつながっている。職業教育の経験をさらに仕事で役に立った内容を含む場合と、そうでない場合に分けた推定によれば、仕事に役立った職業教育を経験した人ほど、過去に中退をせずに学校を卒業していることも分かる。

これらの結果は、仕事に役立つ職業教育を実施することが、学校生活に意義を見出せず中途で退学するのを防止する効果を持つことを示唆する。

総務省統計局「就業構造基本調査」を特別集計した結果などをみると、高校を中途退学したために最終学歴が中途退学になっている場合には、後にニート状態となる可能性が極めて高くなっていた（内閣府 2005; 玄田 2005など）。適切な職業教育を学校で行うことで中途退学を抑制することは、ニート状態の若者の増加を抑える効果を有するとも言える。

さらに学校から職業への移行状況を別観点から評価するため、最後に通った学校を卒業もしくは中退した翌年の状況について、正社員として働いていた経験の有無にも着目した。図5-4には職業教育の経験状況別に、学卒直後の正社員就業割合を求めた。その図からは、後に仕事上役に立つ職業教育を経験していた人ほど、正社員となる割合が抜きん出て高くなっていることが

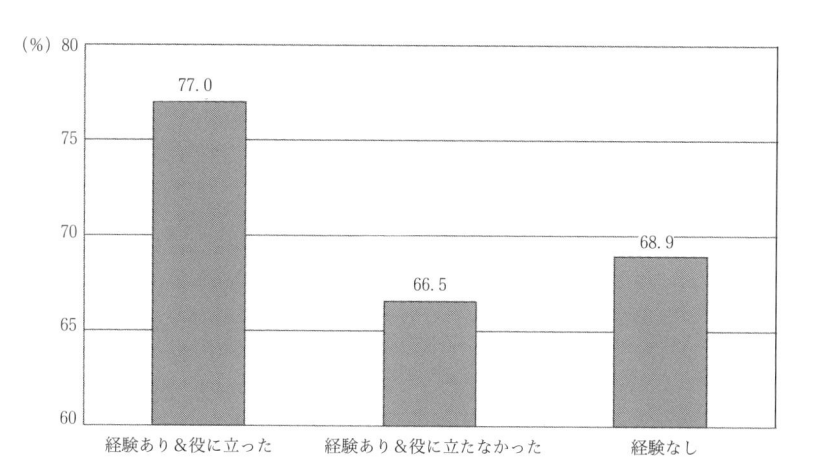

図5-4　学校での職業教育の経験と最終学校を卒業（もしくは中退）した翌年に正社員として働いた割合の関係

経験あり＆役に立った	経験あり＆役に立たなかった	経験なし
77.0	66.5	68.9

示唆される。より詳しく見るため、学卒後に正社員となる確率に関しても、中退確率の推定と同様の説明変数について、プロビット推定を行った。その結果も、表5-3に示されている。

　推定結果をみると、90年代の不況期に学校を卒業した人々を含む若い年齢の世代ほど、学卒翌年に正社員となった確率は有意に低くなっている。氷河期もしくは超氷河期と呼ばれる新規学卒就職状況の中、正社員としての就業機会を得られず、フリーターや失業者、さらにはニート状態を経験した人々が多数生まれた事実と、その結果は整合的である。学歴に関しては、最後に通った学校が中学校である場合に正社員として就業する確率が有意に低くなっていると同時に、専門高校からの移行について、正社員となる確率は低い。これらのケースでは就職するとしても、当初は正社員以外の臨時や見習いなどの有期契約の形で採用されることが多いことを物語っている。

　さらに重要な事実として、学校における職業教育の経験は、学卒翌年に正社員となる確率を有意に高めていることが分かる。限界効果をみると、職業教育の経験は正社員としての就職確率を6.8%上昇させている。さらに仕事に役立つ職業教育の経験は、限界効果からは10.9%と、学卒後の正社員就業確率をさらに高めている。的確な職業教育の実施によって就業に要する態度や素養を身に付けることが、正社員として企業が採用するための条件をクリアしやすくなることにつながり、それが正社員就業を促進しているのだろう。

　太田(1999)、大竹(2005)、玄田(1997)などでは、学卒直後の就職市場の状況が、その後の賃金や離転職の動向などに持続的な影響をもたらすことを、日本の労働市場における世代効果として指摘してきた。世代効果が存在するもとでは、学卒直後に正社員として就業することは、長期にわたる能力開発や仕事とのマッチングを改善していくことにつながる。その意味で、学校での職業教育の充実によって学卒後の正社員就業を促進することは、世代を超えて就業状況の持続的な向上をもたらす可能性を示唆している。

3　やりがい経験

　就業の目的を調査で尋ねられたとき、収入の確保とならんで、仕事にやり

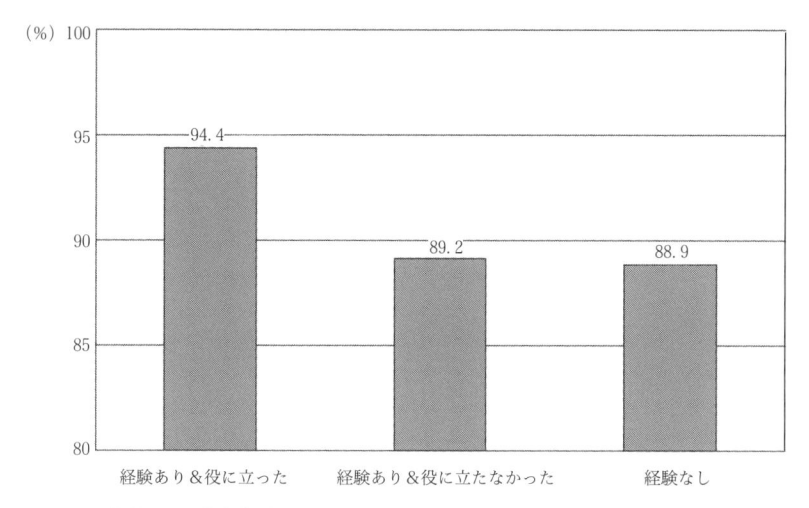

図5-5 学校での職業教育経験と仕事にやりがいを感じたことがある割合の関係

（経験あり＆役に立った：94.4％、経験あり＆役に立たなかった：89.2％、経験なし：88.9％）

がいを感じることを挙げる回答は少なくない。表5-1に示されているとおり、働いてやりがいを感じたことがある割合は、調査回答中、90.2％と高い。そんなやりがい経験の割合を、職業教育の経験別に示したのが、**図5-5**である。

職業教育を経験しなかった人、ならびに職業教育を経験したが仕事に役に立ったと感じるプログラムを受けたことがない人の間では、やりがい経験割合はともに89％前後となっている。それに対し、仕事に役に立つ職業教育を経験した人の場合、やりがい経験割合は94.4％と、およそ5ポイント高くなっている。この図を見る限り、的確な職業教育を学生時代に受けることによって、職業の意義を見出しやすくなり、仕事にやりがいを感じる機会が増えると言えそうである。

やりがいに与える効果をより詳細に検証するため、やりがい経験の有無を被説明変数とするプロビット推定した結果も表5-3には示されている。

男女別では、男性に比べて女性がやりがいを経験する確率は有意に低くなっている。より仕事経験を積んでいることが多いと思われる年長者ほど、やりがいを経験する確率が有意に高いというのも自然な結果だろう。学歴別では、高校卒に比べて、専門学校、短大・高専、4年制大学と、高校からの

進学者ほどいずれもやりがいを経験する確率が高くなっている。限界効果を見る限り、専門学校の卒業者ほど特にやりがいを経験しやすくなっている。

さらにこれらの個人属性の違いをコントロールしてもなお、学校における職業教育は、仕事上のやりがい経験に有意なプラスの影響を与えている。表をみると、職業教育を経験することによってやりがいに出会う確率は3.8%高くなる。中でも仕事に役立つ職業教育は、やりがいを感じる確率を5.8%高めている。

学校段階における有効な職業教育の実施は、働く意義や目的を促進したり、仕事上の困難を乗り越えるための気づきを与えたりする結果として、仕事に対する主観的評価であるやりがいにも好影響を与えるのだろう。

5節　職業教育の個別効果・複合効果

学校における有益な職業教育の経験は、所得水準には影響を与えないにせよ、中途退学の抑制や正社員としての学卒就業など、学校から職業への円滑な移行を促す他、就業後にやりがいを感じる可能性を高めるなど、就業に対して一定の効果をもたらすことが確認された。

では、職業教育のうち、いかなるプログラムが特に有効な効果を及ぼしているのだろうか。前節でみた中途退学、学卒正社員、そしてやりがい経験のプロビット推定について、職業教育の経験に代えて、具体的な教育プログラム経験の有無を表すダミー変数を1つずつ加えた推定を行った。その個別プログラムの推定結果を示したのが**表5-4**である。

中途退学を抑制するために特に効果的なプログラムとしては、先生や社会人による職業に関する話が効果を持っているようである。働くという行為についての丁寧な情報提供を学校で受けることで、途中退学への誘引を引き下げることにつながっている。また大学や専門学校でのインターンシップも中途退学を抑制している。

学卒直後に正社員になる上でも、日頃の授業の中での先生による職業教育はプラスの影響をもたらしている。ただし、それも仕事に役に立つという実

表5-4 職業教育の個別効果

(4-1) 学校における職業教育の経験あり

学校における職業教育の内容	中途退学		学卒正社員		やりがい経験	
	係数	漸定的t値	係数	漸定的t値	係数	漸定的t値
学校での職業や仕事に関する先生の授業	-0.2019	2.05 **	0.1017	1.60	0.3494	2.80 ***
社会人による学校での講話	-0.2769	-2.04 **	0.1463	1.74 *	0.2798	2.26 **
自分たちによる社会人への質問調査	-0.2920	-1.83 *	0.0998	1.04	0.2474	1.75 *
職業体験授業（中学時代）	-0.1771	-1.01	-0.1894	-1.72 *	0.0749	0.48
職業体験授業（高校時代）	-0.1916	-1.28	0.1289	1.37	0.0086	0.07
大学や専門学校でのインターンシップ	-0.7788	-2.60 ***	0.1593	1.37	0.2719	1.48

(4-2) 学校における職業教育の経験あり＆実際の仕事で役に立った経験あり

学校における職業教育の内容	中途退学		学卒正社員		やりがい経験	
	係数	漸定的t値	係数	漸定的t値	係数	漸定的t値
学校での職業や仕事に関する先生の授業	-0.3197	-1.75 *	0.3107	2.96 ***	0.1424	0.98
社会人による学校での講話	-0.5116	-1.75 *	0.3507	2.39 **	1.0198	2.65 ***
自分たちによる社会人への質問調査	-0.5857	1.44	0.5340	2.66 ***	-0.0382	-0.16
職業体験授業（中学時代）	-0.3283	-0.73	0.3606	1.40	0.0048	0.02
職業体験授業（高校時代）	-0.0418	-0.21	0.3740	2.65 ***	-0.1222	-0.74
大学や専門学校でのインターンシップ	-0.4506	-1.77 *	0.0148	0.12	0.6603	2.58 ***

注：説明変数として性別、年齢、最終通学歴に、職業教育を個別に加えてプロビット推定した効果。

践につながる職業教育に限られた効果であり、それだけ学校教師が就業上実際に求められている能力についての具体的な知識や経験を有することが重要とも言えよう。社会人による講話が正社員確率に有意なプラスの影響を与えるのも、それだけ実践的な情報が効果的であることを示唆している。加えて自分たちが社会人に調査を行ったり、高校時代に職業体験するといった、児童生徒本人による主体的な職業に関する知識や経験の獲得も、正社員就業に結び付きやすい。

やりがいについては、社会人による講話や、大学や専門学校でのインターンシップなどで仕事に役立つ知識や経験が施された場合、経験する確率が高くなる。それだけ在学中から学校外部の人材や環境に積極的に触れる機会を増進することが、後の就業におけるやりがいの獲得には重要になると言えるのかもしれない。

一方、ここでの実証結果をみる限り、全体を通じて、中学校における職業体験は、効果を挙げていない。これは先にも指摘した、兵庫県や富山県の公立中学校で行われている5日にわたる職業教育が現在高い成果を挙げているという報告と対照的な結果となっている[6]。だとすれば、それは、従来行われてきた短期間での職業体験を単に踏襲するだけでは就業状況の改善には効

表5-5 経験した学校における職業教育の項目数

説明変数	最後に通った学校を中退			学卒翌年に正社員として就業			仕事に「やりがい」経験あり		
	係数	限界効果	漸定的t値	係数	限界効果	漸定的t値	係数	限界効果	漸定的t値
経験した職業教育の項目数	-0.1547	-0.0179	-3.31	0.0511	0.0175	1.88	0.1160	0.0186	2.90
有効だった職業教育の項目数	-0.2328	-0.0251	-2.62	0.2102	0.0706	4.16	0.1555	0.0229	2.14

注：説明変数として性別、年齢、最終通学歴をコントロール。

果は期待できず、地域との連携や、より長期にわたる実践などの新たな体験の取り組み内容が検討されるべきであることを物語っていよう。

学校教育は多様なプログラムが相互に連関することで、その効果を相乗的に高めることも期待される。職業教育についても同様の効果が認められるだろうか。

図5-1にみたとおり、職業教育のプログラムは、一切受けたことがなかったり、そうでなければ受けたとしても1つ、もしくは2つというのが、回答者のおよそ9割を占めていた。複数の教育プログラムを経験することが、学校から職業への円滑な移行や、就業後のやりがいをより向上させると言えるだろうか。

そこで、先の推定と同様、性別、年齢、最終通学歴をコントロールした上で、経験した職業教育の項目数、もしくは働くのに役立った有効な職業教育プログラムの経験数を説明変数の1つとし、中退、学卒正社員、やりがい経験に与える影響を推定した。その複合的な職業教育についての結果を示したのが**表5-5**である。

推定結果では、より多くの職業教育の項目を経験する、中でも働いたときに有効と感じられた項目数が多いほど、学校中退を抑制し、学卒翌年に正社員になりやすく、さらには仕事上のやりがいを感じやすくなっている。その結果からは、個別の職業教育の中身を向上させることと合わせ、職業教育の項目の多様化を進めることで、その複合的効果がもたらされていることが示唆される。

6節　やりがいにつながるキャリア教育

　10代の頃に学校において職業教育を受けることは、学校から職業への円滑な移行をもたらすと同時に、仕事にやりがいを感じる経験を持ちやすくなる傾向がみられた。だとすれば、いかなる職業教育の内容がより望ましい効果をもたらすかも知りたいところである[7]。

　残念ながら調査では、職業教育のプログラムが尋ねられている一方で、その具体的内容にまで踏み込んで詳しく調べられていない。ただしここで行った調査からは、やりがいにより結び付きやすいキャリア教育の内容を示唆する別の結果も見出された。

　調査では「あなたは中学3年生の頃に、将来なりたいと希望する仕事はありましたか」という設問がある。それに対し、回答者2,010名中、41％にあたる824名が「あった」と答えている。さらに「中学3年生の頃に希望していた仕事に、これまで就いたことがありますか」という設問も用意され、280名が希望は実現したと答えている。その割合は、回答者全体の14％にすぎず、中学3年当時に何らかの職業希望を持っていた人の中でも、それを成人後に実現させたことがあるのは、およそ3人に1人にすぎない。

　東京大学社会科学研究所・希望学プロジェクトでは、2005年5月、20代から40代にインターネット調査を実施し、全く同一の質問を行っている。その結果からは、就業者のうち、中3当時に職業希望があり、かつその仕事に就いたことがあるというのは全体の15.1％と、上記と類似の結果が得られている。それらの結果は、中学3年当時に保有していた希望は、多くの場合、実現することは困難であることを物語っている。

　さらに職業希望の実現が困難であることに加えて、在学中の段階から自らの適性にかなった職業を早期に発見すること自体がそもそも容易でないことも考えられる。在学中に自分の適性に合致した仕事を発見することが難しいとすれば、どのようなキャリア教育が、将来の就業をより有意義なものにするために重要といえるのだろうか。

　図5-6には、1つの教育の方向性を物語る結果が示されている。中学3年当

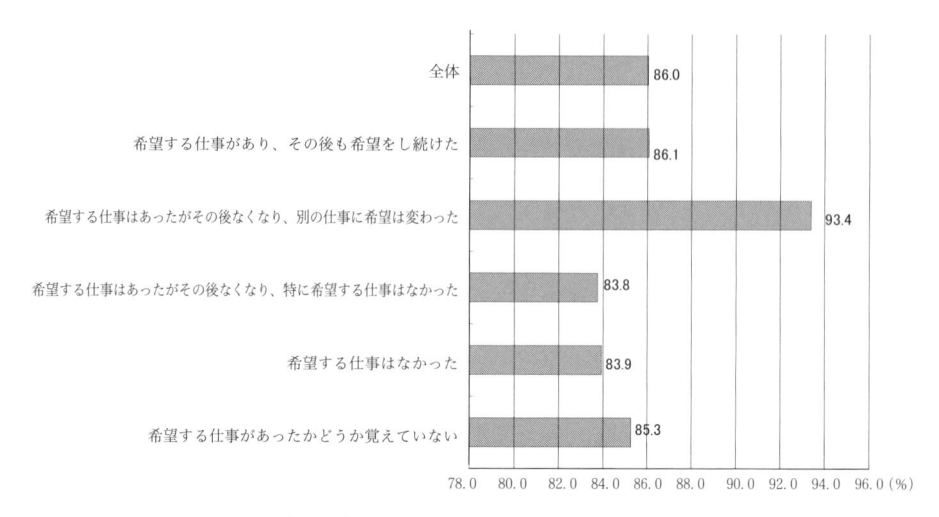

**図5-6 中学3年のときの職業希望の変遷状況別にみた
やりがいのある仕事に就いたことがある割合**

区分	割合(%)
全体	86.0
希望する仕事があり、その後も希望をし続けた	86.1
希望する仕事はあったがその後なくなり、別の仕事に希望は変わった	93.4
希望する仕事はあったがその後なくなり、特に希望する仕事はなかった	83.8
希望する仕事はなかった	83.9
希望する仕事があったかどうか覚えていない	85.3

時の職業希望は、現在の20代から50代の成人の経験からみても多くは実現していない。ただし、仕事上のやりがいに出会う割合は、当初の職業希望が喪失したとしても、別の希望に柔軟な修正することができた場合に、高くなっている。それは当初の希望を保有し続けた場合に比べても、上回っている。一方でやりがいのある仕事に就いたことがある割合は、希望する仕事がそもそもなかったり、当初あった希望がその後失われた場合で低くなっている。

　その結果をより詳しく確認するため、**表5-6**には「仕事でやりがいを感じたことがある」と答える確率について、性別、年齢、学歴の個人属性と並んで中学3年当時の職業希望の変遷状況を示すダミー変数を加えてプロビット推定した結果が示されている。ここからも、個人属性をコントロールしてもなお、職業希望を修正させていった人々ほど、やりがいに出会った確率が有意に高くなっていることが確認できる[8]。限界効果をみると、希望がなかったときに比べて、希望を後に新しく代えていくことができた場合には、5ポイント以上、やりがいに出会う確率は高くなっているのである。

　上記の結果は、自らの状況に応じて希望を修正もしくは発展させる柔軟性を身に付けることが、仕事上のやりがいに出会う確率を高めることを示唆し

表5-6 「仕事にやりがいを感じたことがある」と答える確率のプロビット推定

説明変数	仕事にやりがいを感じたことがある		
	係数	限界効果	漸定的 t 値
女性ダミー	−0.2550	−0.0393	−2.86 ***
年齢（連続変数）	0.0194	0.0029	5.08 ***
最終通学歴〈高校〉			
中学	−0.1787	−0.0307	−0.87
専門学校	0.3951	0.0498	2.86 ***
短大・高専	0.3023	0.0396	2.16 **
4年制大学	0.2464	0.0346	2.16 **
大学院	0.3708	0.0440	0.76
不明	−0.1901	−0.0332	−0.29
中3の職業希望の変遷〈覚えていない〉			
なかった	−0.0166	−0.0025	−0.16
あったが、その後なくなった	−0.0770	−0.0123	−0.51
あったが、その後別の希望に	0.5738	0.0669	3.51 ***
同じ希望を持ち続けた	0.4143	0.0528	2.93 ***
定数項	0.4241		2.33 ***
サンプル・サイズ		1,849	
Log lokelihood		75.19	
疑似決定係数		0.0632	

注：*（有意水準10%)、**（5%)、***（1%)。

ている。単に職業希望の発見を促すことだけをキャリア教育と考えるのではなく、希望が挫折したときに状況に応じて希望そのものを柔軟に修正させていく力を養うことを念頭に置いたキャリア教育を行うことが、効果的な内容となり得るだろう。

7節　結びにかえて

2006年1月時点で20代から50代に属する成人のうち、中学生から20歳になるまでに何らかの職業教育を経験したのは全体の半数程度にすぎない。さらに実際の仕事に役立つ職業教育を受けたと答えた回答者の割合は3割程度と低くなっている。また実際に職業教育を受けたとしても、それが年収を増加させるといった、人的資本の蓄積による付加価値向上の効果を持っている統計的な証左は得られなかった。その意味で従来学校教育の中で軽視されがちだった職業教育は、収入増加につながるような明確な経済効果をもたらしてこなかったと言える。

ただしその一方で、学校から職業への移行が困難化し、不安定就業もしくは無業となる若者の増加が指摘される中、学校における職業教育の充実は、職業への円滑な移行を促す上で一定の効果を持っていることも確認された。後の仕事に役立つような職業教育を学校で経験してきた人々ほど、学校を中途で退学した確率は低く、さらに学卒翌年に正社員として就業する確率は高くなっていた。そこからは明確な所得向上効果が観察されない反面、適切な職業教育の実施は、深刻化する若年就業について、一定の改善効果をもたらすことも示唆された。

さらに学校における職業教育を経験することが、仕事にやりがいを感じる経験を高めるなど、仕事の意義に関する主体的な評価に影響を及ぼすことも確認された。また職業教育は、複数のプログラムを経験することでより効果が高まっていた。加えて仕事のやりがいは、中学生当時に有していた職業希望を柔軟に修正していく経験をした人々ほど、遭遇する確率が高くなっていることも見出された。そこからは、仕事にやりがいを感じるための学校時代における環境作りとして、希望に関する柔軟性や修正力を育むキャリア教育の重要性も指摘された。無論、生徒や学生に思考の柔軟性や修正力を育むことは、キャリア教育に限らず、座学を含めた教育の重要目的の1つである。その意味で、近年の体験学習を重視した教育と学力向上を最優先課題に掲げる教育を対立関係として位置づける傾向はあまりに不毛である。むしろ両者の相乗効果を拡大する方策を地道に探求することこそ重要である。

本章は、学校段階における職業教育の効果を定量的に評価するための試論的な結果を取りまとめたものであり、分析上の限界や残された課題は少なくない。限界として、まず述べるべきは、ここで用いられたデータが回顧的 (retrospective) なものであることである。そのため、20歳未満の段階で経験した職業教育の内容や評価については、現在もある程度正確に記憶され、述べられていることが前提であることには当然、留意が必要となる。例えば実際に働く上で役に立ったと現在感じている職業教育は、教育を受けた当時には全く別の評価を受けていることも考えられ、就学時点ですぐさま職業上の実践につながることを、学生や生徒本人に意識させる職業教育こそが望ましい

と即断するのには慎重であるべきだろう。

　このような回顧データであるがゆえの限界を克服し、正確に職業教育を評価するためには、やはり学生時代と卒業後の長期にわたる職業的人生の歩みを追跡したパネル調査の整備と活用が欠かせない。幸いなことに教育研究者と労働研究者が共同して教育と労働の関係を考察するパネル調査の作成が2004年度以降開始されている（詳細は、佐藤・石田 2006 など）。これらの調査基盤の整備によって、学校段階における職業教育のもたらす経済効果に関するより正確な評価が今後待たれるところである。

　さらに柔軟性や修正力を育むキャリア教育の実施、特に複合的・総合的な取り組みが、学卒後の就業プロセスや就業後のやりがい経験の獲得に効果的であるとして、いかなる質的内容のプログラムやプログラム間の連関形成が高い成果につながるかを明らかにする定量的・定性的研究も今後の課題として残されている。

　例えば本研究の結果では、中学時代に経験した職場体験学習は、成人後の経験者には十分な評価を得られていない。それに対し、1990年代末以降に、複数の地域で実施されつつある5日間にわたる地域や職場の体験学習は、参加した生徒や保護者、受け入れ先の大多数から高い評価を得ているという結果が、本論文でたびたび言及した兵庫県や富山県の事例などで報告されている。だとすれば、その評価の違いは、5日間という長期にわたる日数設定にあるのか、それとも地域、学校、保護者による連携体制の整備にあるのかといった点をもっと明らかにすべきであろう。それが現在、文部科学省が、全国の公立中学校の2年生を対象とした包括的な職場体験学習として推進しつつある「キャリア・スタート・ウィーク」の効果的な実施にもつながることになる。

　これらの限界や課題を克服しつつ、教育内容に関する厳密な評価を積み重ねることを通じて、学校における職場体験ならびにキャリア教育の効果的な推進を期待したい。

注

1 本章は、科学研究費補助金（基盤研究(B)16330039「学校における職業教育に関する経済学的研究」研究代表者：玄田有史）による助成を得て実施された調査に基づくものである。
2 インターンシップの大学における普及状況について、佐藤・堀・堀田（2006）が詳しい。そこでは、増加傾向にある4年制大学文系学部生のインターンシップの実施状況を、大学、学生、実施企業などを対象にアンケート調査している。それによると多様な形態を有するインターンシップであるが、参加する学生の職業意識啓発という目的について、その評価は概ね高い。学生調査では、約9割が「責任感を感じた」「業種・職種について知ることができた」「働くことのイメージが明確になった」と、その経験について答えている。さらには受け入れ企業についても、職場の活性化や指導担当者の人材育成に効果的といったメリットを指摘している。
3 5日間にわたる公立中学校の2年生全体を対象とした地域における体験授業は、兵庫県では1998年から、富山県では1999年から実施されている。
4 2000年代初めにおける中学校の職場体験授業も、公立中学校のおよそ8割は1日もしくは2日間の実施にとどまっている。
5 所得階層は $[0,0]$ $[1,129]$ $[130,299]$ $[300,499]$ $[500,799]$ $[800,999]$ $[1000,1799]$ $[1800〜]$（万円）によって区分した。
6 兵庫県立教育研修所・心の教育総合センターの古田猛志氏と住本克彦氏が、「トライやる・ウィーク」経験者1,230人に対して行ったアンケート調査を分析した結果によると、体験が自己効力感の増進に結び付いていることが確認されている（古田・住本 2000）。
7 佐藤・玄田（2005）は、高校生の多くが、将来の人生設計について不安を抱えている現状を指摘している。例えばフリーター状態にある人々に対して、本人の気力の無さなど批判することも多い一方で、高校生自身も自分が将来フリーターになる可能性について強い危機感を抱いていることが少なくない。さらに佐藤・玄田（2006）では実社会への本格的な着地に不本意を感じるその心性を「着地不安」と表現した。アンケート調査によれば、着地不安は「自己無能感」「現状志向」「やりたいこと志向」などと密接な関連を持っており、着地不安を軽減するための教師の重要性などが指摘されている。具体的には、生徒が教師から期待されていると感じたり、その授業が面白いと感じた経験した場合ほど、着地不安を持つ場合が軽減されると述べる等、教師との信頼関係をベースとする学校生活の充実がキャリア教育にとって重要であることを指摘している。
8 同様の結果は玄田編（2006：第2章）でも確認されている。

文献

大江淳良，2001,「企業と若者」矢島正見・耳塚寛明編著『変わる若者と職業世界―トランジッションの社会学』シリーズ職業とライフスタイル，学文社，pp.40-57（第3章）.

太田聰一，1999,「景気循環と転職行動」中村二朗・中村恵編『日本経済の構造調整と労働市場』日本評論社.

大竹文雄，2005,『日本の不平等』日本経済新聞社.

玄田有史，1997,「チャンスは一度―世代と賃金格差」『日本労働研究雑誌』第449号：2-12.

玄田有史，2005,『働く過剰』NTT出版.

玄田有史編，2006,『希望学』中公新書ラクレ，中央公論新社.

小杉礼子，2006,「キャリア教育と就業支援」小杉礼子・堀有喜衣編『キャリア教育と就業支援』勁草書房.

佐藤香・玄田有史，2005,「将来の人生設計に関する高校生の意識―そのアンビヴァレントな現実」厚生労働科学研究費補助金政策科学推進研究事業『若年者の就業行動・意識と少子高齢社会の関連に関する実証研究（平成16年度総括研究報告書）』(主任研究者：佐藤博樹).

佐藤香・玄田有史，2006,「高校3年生の着地不安とその背景」厚生労働科学研究費補助金政策科学推進研究事業『若年者の就業行動・意識と少子高齢社会の関連に関する実証研究（平成17年度総括研究報告書）』(主任研究者：佐藤博樹).

佐藤博樹・石田浩，2006,「高卒者の追跡調査の設計とその特色」厚生労働科学研究費補助金政策科学推進研究事業『若年者の就業行動・意識と少子高齢社会の関連に関する実証研究（平成17年度総括研究報告書）』(主任研究者：佐藤博樹).

佐藤博樹・堀有喜衣・堀田聰子，2006,『人材育成としてのインターンシップ―キャリア教育と社員教育のために』労働新聞社.

「トライやる・ウィーク」評価検証委員会，2003,『「トライやる・ウィーク」5年目の検証（報告）』兵庫県教育委員会.

粒来香，1999,「定通教育の歴史と課題」『月刊高校教育』1999年12月号，pp.46-50.

内閣府，2005,『青少年の就労に関する研究調査』www8.cao.go.jp/youth/kenkyu/shurou/shurou.html

中野育男，2002,『学校から職業への迷走―若年雇用保障と職業教育・訓練』専修大学出版局.

古田猛志・住本克彦，2000,「自己効力感からみた『トライやる・ウィーク』の教育的効果」『平成12年度研究紀要』兵庫県立教育研修所・心の教育総合センター.

三村隆男，2005,「進路指導からキャリア教育への移行期を迎えた学校教育」『季刊教育法』No.145，pp.28-33.

6章　学歴社会の再構築と人材の流動化
——再チャレンジ可能な知識社会への見取り図

大森　不二雄

　多くの日本人は、日本が「学歴社会」だと認識しており、反学歴社会的な支配的言説に何の疑いも持っていない。しかし、今や世界でものをいう学歴は大学院教育であり、先進諸国の中で日本の普及率の低さが目立つ大学院教育の状況等に関する国際比較データを見れば、その認識に何の根拠もないことが分かる。また、反学歴社会的言説は、学位を有するプロフェッショナル（知識労働者）が決定的役割を担うグローバルな「知識社会」への日本の適応にとって有害である。日本においては学位の価値と学位によって表される「明示知」（形式知）の価値が低いが、これは日本の労働市場における知識労働者の「雇用の流動性」が低いからである。本章は、知識労働者の流動性の高さ・低さと明示知（可視知）の有用性の大きさ・小ささが相互補完的に連関しているとの「流動性—可視性連関仮説」を提示する。グローバル化時代において、日本は、学歴社会の再構築と知識労働者の流動化によって再チャレンジを可能にする知識社会を目指すべきである。

1節　課題の全体像と仮説の提示

　2007年9月に辞任した安倍首相が「再チャレンジ」支援を政策課題の1つに掲げていたことも、今や多くの人々にとって記憶の彼方に去りつつあるのかもしれない。だが、再チャレンジ可能な社会の青写真作りは、たとえ首相や内閣が幾度変わろうとも、日本の閉塞感を振り払う上で重要な政治課題として残るべきものである。経済社会の活力や国民一人一人の人生を大きく規

定する雇用と教育は、その青写真において重要な位置を占める。

　1990年代以降、人件費削減と雇用調整の手段として、パート・アルバイト・派遣社員・契約社員等の非正規雇用の拡大と正規雇用（正社員）の縮小が急速に進んだ。政府もこれを後押しする規制緩和を進め、今日、全雇用者の3割以上を非正規雇用が占める。フリーター等の雇用問題が閉塞感の一因であることは、格差社会論争に見られる通りである。

　ところが、論争は迷走気味である。改革論者と批判論者はともに、「雇用の流動化」が終身雇用を崩壊させつつあるとし、米国型の競争社会をモデルに見立てて論じる。前者はこれを肯定し、後者は批判する。だが、実際は両者とも誤っている。米国型に向かう「雇用の流動化」など起こっていないのである。「正社員の転職率は過去15年間ほとんど変わっていない」（内閣府 2006：要旨3）と政府が認めるように、各種調査からも正規雇用の流動化は見られない。非正規雇用という不安定な職の割合が増大しただけの「擬似流動化」である。

　問題は、正規雇用の非流動性にある。欧米の若者が就くパートタイムや有期雇用の職は、将来の常用雇用につながり得る経験だが、日本の非正規雇用から正規雇用への転換は容易でない。雇用形態の差異というより、社会的「身分」と化している。正社員も転職は困難で、「就社」した会社の檻の中の成果主義で閉塞している。閉鎖的な身分社会は、人材や企業の活力を奪い、経済・社会を澱ませ、談合や不祥事の温床ともなっている。求められる政策は、「負け組」の「再チャレンジ支援」という次元にとどまらず、労働法制、社会保険制度、公務員制度その他を総動員して、大企業正社員・官僚等の「勝ち組」まで含めた真の雇用流動化を推進し、チャンスとリスクを公平に開くことである。

　知識社会の到来、「知の爆発」が指摘される世界において、日本では「知からの逃走」が深刻である。大学生が勉強しないだけでなく、高校生の学習時間も先進諸国で最低レベルとなった。日本が学歴社会との常識に根拠はない。大学院修了が管理職・専門職の基礎資格となっている世界的趨勢から、日本は取り残されている。人口1,000人当たりの大学院学生数は、米国8.53（2005

年)、英国9.36(2006年)に対し、日本は2.04(2006年)にすぎない(文部科学省2009)。社会人大学院ブームにもかかわらず、学位は処遇に活かされていない。

「大学教育は役に立たない」といった日本的言説は、学歴社会から程遠い日本の現実を象徴し、正当化しようとするものである。その背景には、上述の雇用システムの問題がある。閉鎖的な企業社会や官僚組織においては、組織を超えて通用する普遍的知識技能である明示知(形式知)よりも組織特殊的な暗黙知や人間関係の方が出世に役立つからである。

閉塞した組織が創造的知性を押し殺す社会は、持続可能でない。グローバルな知識経済に遅れをとることにもつながっている。日本の喫緊の課題は、学歴社会の再構築と知識労働者が流動する雇用システムの創造である。なぜそれが喫緊の課題なのか。それは、グローバル化する知識社会への不適応が日本の閉塞感の大きな要因となっているからである。日本では、学歴社会は忌み嫌われており、雇用の流動性も好まれないことが多い。本章は、一見常識に反する主張について、具体的データと理論的枠組みを示しながら、論じていく。

管見の限り、雇用の流動性、殊に「知識労働者の流動性」の低さという日本的雇用システムの特徴と、日本が「知識社会に対応した学歴社会」になっていないことを示す特徴、すなわち、大学・大学院教育の軽視、大学院規模の小ささや、明示知の有用性の低さとを結び付けて説明した論考を未だ知らない。本章は、以上のように雇用の流動性と学歴及び明示知(可視知)の有用性を連関させた新たな理論的枠組みを「流動性―可視性連関仮説」として提起するものである。なお、この着想に至った経緯については、もともと、グローバル化する知識社会に対応する大学教育・大学院教育プログラムの開発という実践性の強い目的を持った研究の成果(大森2007)に由来するものであることを付言しておきたい。

以下、まずグローバル化と知識社会について論じた後、日本が学歴社会から程遠いことを国際比較データによって示すとともに、その大きな原因となっている非流動的な雇用の実態について明らかにする。そして、学歴社会

の再構築と知識労働者の流動性をセットで実現することが、日本にとって喫緊の課題であるとの提起を行いたい。

2節　グローバル化と知識社会

　グローバル化については、国境を越える高等教育との関連で、すでに他の拙稿(大森　2005a, 2005b)において論じているが、そこでも述べたように、グローバル化は、ボーダーレス化とも呼ばれるカネ・モノ・サービス・人・情報等の国境を越えた流動性の増大、世界規模の市場における国際経済競争、民営化・規制緩和等の市場主義的な経済・社会政策の世界的な流布、製品・サービスや専門職資格等に見られる国際的標準化の動き、世界の文化の画一化ないしアメリカ化への危惧等々、様々な現象やそれに対する意味付けがない混ぜになって語られる多義的な用語である。経済を中心としながらも政治・社会・文化各般にわたって論じられ、経済学・政治学・社会学など幅広い学術分野からのアプローチの対象となっている。

　近年の急速なグローバル化の進展の推進力としては、情報技術(IT)の革新・普及、交通運輸の発達、ソ連・東欧の共産主義体制の崩壊による東西冷戦の終結と旧ソ連・東欧圏の市場経済化、中国の市場経済化、東(南)アジア経済の成長、レーガン米大統領やサッチャー英首相以来の新自由主義的改革(民営化・規制緩和・金融自由化・減税等)、国際通貨基金(IMF)や世界銀行(WB)等を通じた新自由主義的改革の世界的流布、世界貿易機関(WTO)(及び前身の旧GATT)を通じた貿易自由化の進展等の要因が挙げられることが多い。

　グローバル化に関して論じられることの多いイシューを要約・整理する形で概念化すると、「ボーダーレス化」「市場化」「標準化」といったところが頻出するコンセプトと言えよう。本章では、これらに「知識社会化」を加えたい。

　例えば、ドラッカーは、「20世紀の偉業は、製造業における肉体労働の生産性を50倍に上げたことである。続く21世紀に期待される偉業は、知識労働の生産性を、同じように大幅に上げることである。20世紀の企業における最も価値のある資産は生産設備だった。他方、21世紀の組織における最

も価値のある資産は、知識労働者であり、彼らの生産性である」(ドラッカー 1999: 160) と端的に語っている。「知識社会」とは、「知識」や知識を持つ人すなわち「知識労働者」が最重要の資源となる社会であり、「知識労働者」の生産性が企業の競争力の決め手となる社会であると言えよう。

　また、ライシュ (1991) は、国家単位の経済からグローバル・エコノミーへの転換という見方に立って、グローバルに活動する知識労働者を「シンボリック・アナリスト」と呼び、企業や経済の産み出す富の主要な源泉は、物的な資本から彼らの人的資本へ移った旨、論じている。かつては、「知的な価値を生みだしても、それらは大規模な生産から得られる価値に対して相対的に小さかった——何によって所得が生まれるかといえば、大規模な生産が決め手であった。発見され、解決されるべき問題の多くは、生産の効率性をいかに高めるか、原材料、部品、組立て、さらには流通に至る一連の流れをいかに改善するかに関わっていた」が、「1990年代に入ってシンボリック・アナリストの所得は、国内市場の規模によっても、彼らが関係する企業の生産量によっても制限されることはなくなった。市場は世界的になったし、知的に生みだされる価値が規模の効率性によって付加される価値よりも、高くなったからである」(pp. 305-306)。世界規模で流動する金融のおかげで、資金ももはや制約要因にはならない。「国民の貯蓄は、物事を最小のコストで最高にうまく処理できる人々のいる場所に向かって、世界中どこへでもますます容易に流出するようになっている……。したがって、『国家の競争力』は、その国の市民が貯蓄し、投資する資金の量に依存するのではなく、ますます世界経済に貢献する可能性を持つ技能と洞察力を有する人々に依存するようになる」(pp. 181-182)。ライシュは、3つの大まかな職種区分として、「ルーティン生産従事者」「対人サービス従事者」「シンボリック・アナリスト」を提唱し、「シンボリック・アナリスト」のみが豊かになりつつあるとして、所得格差の拡大を説明している。「シンボリック・アナリスト」の仕事がどのようなものかといえば、「シンボル操作によって問題点を発見し、解決し、あるいは媒介する。彼らは、現実をいったん抽象イメージに単純化し、それを組み替え、巧みに表現、実験を繰り返し、他分野の専門家と意見交換をしたりして、最

後には再びそれを現実に変換する」(p.245) という。

現代社会は、「情報社会」とも言われるように、情報技術 (IT) が飛躍的に発達し、IT 関連産業が発展するとともに、経済・社会・文化の様々な領域で IT が活用され、個人・企業・国家等にとって IT 活用能力が重要となっている。IT がグローバル化の原動力の1つであることは広く指摘されている。今日の情報社会では、必要な情報はインターネット等で探せば簡単に手に入るから、知識を身に付けることは重要でなくなっているといった軽薄な言説とは裏腹に、情報を受け止める側の人間に背景知識の枠組みがなければ、そもそも情報を理解し活用することはできないし、情報の真偽や価値を判断することもままならない。むしろ、IT 革命とも呼ばれる情報化の急進展とともに、知識の生産性と流動性が高まり、知識の有用性が増しているのであり、このことが「知識社会」「知識基盤社会」の時代の到来の重要な要因となっているのである。

・カネ、モノ、サービス、人、情報等の国際的流動性
・国境障壁の低下、国家機能の後退又は変容
(国際金融市場、多国籍企業、移民・出稼ぎ、インターネット等)

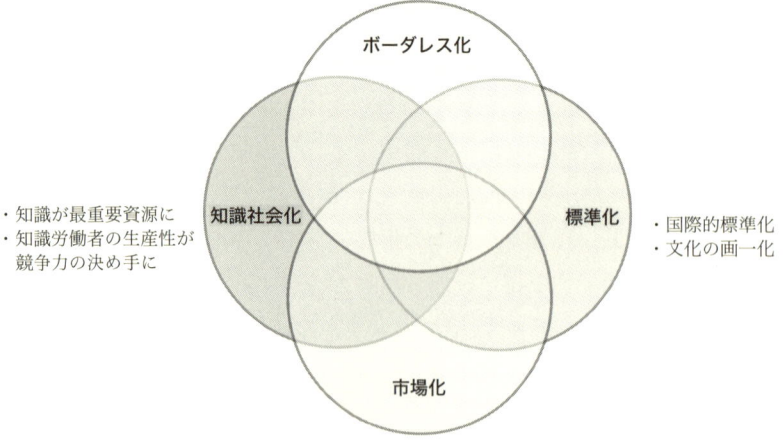

ボーダレス化

・知識が最重要資源に
・知識労働者の生産性が
　競争力の決め手に

知識社会化

標準化

・国際的標準化
・文化の画一化

市場化

(市場主義的な政策と競争激化)
・歳出抑制、小さな政府志向
・民営化、規制緩和、貿易自由化
・世界規模の経済競争

図6-1　グローバル化のイメージ図

以上を要約すると、カネ・モノ・人・情報の国際的流動性が高まる中、グローバル・エコノミーにおける企業は、国境を越えて資金・生産設備・労働力等の最適な調達と組合せを求めながら競争しており、その競争力の決め手となるのは、もはや「知識」「知識労働者」をおいてほかにないということになる。すなわち、「知識社会化」は、「グローバル化」の一断面である。

「ボーダーレス化」「市場化」「標準化」「知識社会化」といった顔を併せ持つ「グローバル化」について整理すると、図6-1のようになろう。

3節　知識社会における「知の爆発」と「知からの逃走」

知識労働者は、高度な知識を必要とする高度専門職業人（プロフェッショナル）でもあり、通常、大学教育・大学院教育を修了した高学歴者であり、「知識社会」は「学歴社会」としての一面も持つ。知識社会においては、高等教育の重要性がますます高まり、大学の役割は磐石のように思えるが、そう簡単にはいかない。大学の教育機能に対する社会・経済の要求の高度化・複雑化は、知識社会における高等教育の重要性ゆえのものであり、積極的に受け止めるべきことであるが、多くの大学にとって教育機能の強化はそう容易ではない。大学教員の研究志向の問題は常に指摘されるところであるが、課題はそれにとどまらない。

知識が社会・経済の活力や個人のライフ・チャンスを大きく左右する資源となった知識社会においては、基礎学力はもとより、ますます高度化・細分化する専門知識に加え、コミュニケーション能力、チームワーク、批判的思考力、創造性、課題解決能力等の「ジェネリック・スキル」（経済産業省は日本語化した呼称として「社会人基礎力」[1]を提唱）が重要になっているとされる。高等教育からの出口に関しては、日本の人材育成に大きな役割を果たしてきた企業が、グローバル化の中での競争激化によって、教育訓練に十分な投資を行う余裕を失う一方で、優秀な人材確保の必要性が一層高まっていることから、大学教育・大学院教育に対する経済界の要求は厳しさを増している。

ところが、高等教育への入口（アクセス）に関しては、少子化の中での高等

教育人口の拡大によって高等教育のマス段階からユニバーサル段階へと移行する中、多様な高等学校からの進学者受入れが進んだのみならず、日本人の基礎学力を底支えしてきた初等中等教育について政府当局者が学力低下を認める状況となり[2]、大学教育に対する学生の受容能力をかつてのような水準で想定することはできないことが明白となっている。人文・社会・自然・生命系の諸学における科学的知識の量的な増大・細分化と質的な高度化・複雑化の一方で、これと反比例するかのように入学者の学力低下と学習意欲の低下が進行してきている。

我が国の初等中等教育における学力低下等について詳細に論ずることは本章の目的ではないが、「OECD 生徒の学習到達度調査 (PISA) 2003年調査・2006年調査」[3]や「国際数学・理科教育動向調査の2003年調査 (TIMSS2003)」[4]から読み取れるのは、国際比較で示唆される学力低下傾向、並びに、国際的に見て最低レベルにある学校外の学習時間と勉強への消極性である。学力面に関し、PISA については、日本の場合、高校1年生という高校入試直後の有利ともいえる条件下での結果であることにも留意する必要があろう。生徒に対する質問紙調査からは、学習への動機付けの危機状況が窺える。

「知の爆発」と「知からの逃走」が同時進行し、「知の継承の危機」が迫っていると言っても過言ではなかろう。それは、「高度化する研究」と「学校化する大学教育」の乖離の問題としても立ち現れる。問われているのは、大学教育が知識社会と大学に関するこの矛盾を克服できるか、ということである。

4節　虚構としての「学歴社会」日本

「知からの逃走」が進行する中、これと表裏一体のように、世界的な学歴社会化の趨勢から取り残される日本の姿が浮き彫りになりつつある。「日本は学歴社会である」という常識は根強いが、視野を広げて国際比較を行えば、その常識が現在では根拠のないものになっていることが分かる。

1　大学教育無用論が支配する特殊日本的な状況

表6-1 大学等の専門分野と職業領域との関係
（日欧大卒者調査における回答）

（％ 複数回答）

	日	英	独	仏	伊	欧
自分の専門分野が唯一又は最善	23	37	40	20	51	39
他の幾つかの分野でも同様に準備可能	25	35	39	48	31	40
他の分野の方がより有益	10	12	8	12	7	9
専門分野はあまり関係ない	28	22	10	11	6	9
高等教育は自分の職業領域に全く無関係	14	18	8	15	8	7
その他	0	3	3	1	1	1

出典：Schomburg & Teichler (2006: 105) の Table 9.1 より作成

　まず学歴の有用性という視点から、国際的に見て日本が学歴社会とは程遠い状況にあることを示すデータがある。1998年秋から2000年春にかけて欧州11か国[5]と日本において、高等教育機関卒業後3、4年後の者（以下「大卒者」という）を対象とした質問票調査が実施され、総計4万人以上から得られた回答を分析した結果を Schomburg & Teichler (2006) がまとめている。その中から2つのデータを紹介したい。

　表6-1のデータの日本にとっての含意を一言で要約すれば、「大学で何を学んだかは仕事とは無関係」ということが高等教育システムと雇用システムの接続に関する日本の特徴であり、これは特殊日本的であって欧州諸国とは対照的である。日本では「専門分野はあまり関係ない」「高等教育は自分の職業領域に全く無関係」との回答が合わせて40％に上るのに対し、欧州11か国平均（図中の「欧」）ではこれらの回答はわずか16％にすぎない。ただし、英国は、大陸欧州諸国とは異なる様相を見せているが、これについては後述する。

　表6-2は、高等教育で習得した知識技能の職業利用について問うたものである。5件法での回答「1」と「2」が大学教育の有用性を認めるものであり、いわば「大学教育は仕事の役に立つ」との回答とも言える。欧州11か国平均で回答「1」「2」の計が53％と過半を占める。特に北欧では、スウェーデン62％、ノルウェー74％、フィンランド69％と、驚くべき有用度の高さを示

表6-2　大学等で学んだ知識技能を仕事でどの程度使うか
（日欧大卒者調査における回答）

(％)

	日	英	独	仏	伊	西	瑞	諾	芬	欧
1 非常に高い程度に	9	23	14	6	19	21	30	36	35	22
2	13	27	29	22	30	27	32	38	34	31
3	30	26	34	35	30	27	26	21	19	28
4	31	17	20	28	15	19	11	5	10	15
5 全く使わない	16	8	3	8	6	6	1	0	1	4

出典：Schomburg & Teichler (2006: 107) の Table 9.3 より作成

している。英国も50％と、低くはない。これに対し、日本では、有用性を認める「1」「2」の回答は合わせて22％にすぎず、有用性を認めない「4」「5」の回答計が47％に上る（欧州11か国平均ではわずか19％）。欧州諸国と比較すると、日本は、いわば大学教育不使用度が飛び抜けて高い。日本における大学教育無用論的な言説を裏付けるデータと言えよう。

「大学教育は役に立たない」といった言説は昔から巷間に流布してきたものであるが、こうした大学教育軽視の言説は、日本特有のものといってよい。言説のみならず、実際の日本企業の採用行動も、少なくとも文系についてはこれを裏付けるものである。国際的に見ると、例えば英国は、欧州大陸諸国とは異なり、日本に似て、大学での専門分野と職種との対応関係が重視されないとされる（労働政策研究・研修機構 2005）が、専門分野を問わない大学教育の成果そのものは重視している。日本企業とは異なり、英国の大企業等の場合、採用に当たって、大学名のみならず、学位の等級で表される学業成績を重視している企業等が珍しくない[6]。具体的には、大学院の入学要件と同様、学士号の等級として「1等 (first class)」または「2等の上 (upper second class)」を書類審査における基準とし、より下位の「2等の下 (lower second class)」「3等 (third class)」「合格 (pass)」[7]の等級の者を足切りしたりするのである。

2　大学院修了者が知識労働を担う世界的趨勢から取り残される日本

次に客観的なデータで、諸外国に比べると「日本は学歴社会ではない」こ

表6-3　大学院規模の国際比較
（人口1,000人当たりの大学院学生数）

日本	米国	英国	フランス	韓国
2.04	8.53	9.36	8.40	5.98

注：2006年（米国は2005年）
出典：文部科学省2009

とを示したい。大学院規模の国際比較データを見てみよう。主要先進国と対照すると、日本の大学院学生が人口比でいかに少ないかは、表6-3に示す通りである。

今や学士課程レベルの高等教育の大衆化は、米国や日本のみならず欧州やアジア等で一般的な現象となっており、高学歴者とは大学卒業者ではなく大学院修了者を指すと考えた方がよい。世界の知識労働者は、文系を含め、大学院修了者が普通である。国際公務員はその典型であるが、各国の民間企業や公共セクターにおいても、大学院修了が管理職・専門職の基礎資格となっている世界の大勢から、日本は取り残されている。今もって、文系の場合は、大学院進学が就職に有利とならない、むしろ不利に作用する日本の現状は、異様とすら言える。「日本は学歴社会」という認識は、時代錯誤の虚構と言っても過言ではない。

5節　学歴社会と知識労働者の流動性の連関構造

ここで、知識労働者の流動性と学歴を組み合わせた1つの国際データを見てみたい。表6-4は、佐藤(2002)による日・米・独の大企業の部課長（営業・経理・人事担当）のキャリア形成比較データの一部である。

表6-4から明らかな通り、日本では転社経験のない部課長が大多数を占めるのに対し、米独では逆に転社経験のある者が圧倒的に多い。また、米独では、転社を経験して現在の会社に採用された後に内部昇進した者が最も多いが、外部から当該役職へ直接採用された者も少なくない。学歴面でも興味深いデータが示されている。米国の大企業では事務系（文系）においても大学

表6-4　日米独の部課長（営業・経理・人事）の学歴と転社経験の比較

(%)

		日本 (1,567人)	米国 (752人)	ドイツ (674人)
学歴	短大卒以下	13.6	5.9	41.8
	大学卒	84.3	32.7	39.9
	大学院以上	1.9	60.9	11.3
	その他		0.3	6.1
	無回答	0.2	0.3	0.9
転社経験	転社未経験者で内部昇進した部課長	82	18	28
	転社経験ありで採用後に内部昇進した部課長	15	59	46
	当該役職へ外部から直接採用された部課長	3	23	26

出典：佐藤（2002）の表10-1（p.250）および表10-6（p.255）より作成

院修了が管理職のスタンダードな基礎資格となっていることが、ここでも裏付けられている。なお、大学院以上の学歴が米国の部課長に占める比率60.9%の半分以上の37.0%がMBA修了者であるが、残り約24%はその他の大学院修了者であり、MBA以外の大学院修了者も決して少なくない。また、大学進学率が低いうえ、修業年限が長くて卒業が容易ではないドイツの大学卒が、日米に比べ少ないのは当然として、そのドイツですら、大学院修了者が1割を超え、日本（2%弱）よりもはるかに多いことが注目される。

　このデータが示唆するものは、大学院修了が知識労働の基礎資格となる「学歴社会化」と「知識労働者の流動性」の連関である。以下、その連関構造を説明する理論的な枠組みを提示する。

　「知識労働者」は、組織特殊的な暗黙知のみならず、組織を超えて通用する「知」、すなわち、普遍的知識技能（明示知）を必要とする。そして、個々の企業等の組織の壁を超えた「知」の交流・融合が新たな価値を創造し、活力を生む。そのためには、知識労働者の流動性（転職の容易さ）が不可欠である。逆に流動性の低い閉鎖的な企業社会や官僚組織においては、組織内の「人間関係」や組織特殊的な「暗黙知」が個々人にとって死活的に重要（ありていに

言えば出世や地位保持に役立つ)となる一方、組織を超えて通用する普遍的な「明示知」の重要性は相対的に低くなる。

　大学名(大学入試の偏差値)によって基礎学力や潜在能力をチェックするものの、大学での成績(大学教育の成果として修得される専門知識・教養)はあまり重視せず、バイタリティ・個性・主体性等々、人材像言説[8]の流行は変遷すれども、基本的には社交性・意欲等の人格的要素を重視して採用する、「白地のキャンバス」としての新規学卒採用社員に対し、OJT等の企業内教育訓練によって「自社の色に染め上げる」。単純化するとこのような典型的な言い回しで要約し得る、日本的雇用システムにおける人材の採用・育成の在り方の背景には、正規雇用の外部労働市場が発達しておらず流動性が低いという事実がある。大学・大学院教育軽視の言説や教育成果を問わない採用行動を支えるのは、このような正規雇用の流動性の低さを主要因とする組織超越的・普遍的な明示知の有用性の低さであると考えられる。

　そして、このような日本的雇用システムの在り方には、流動する知識労働者の組織超越的・普遍的な知識技能と創造性活力によって競争力が支えられるグローバルな知識経済・知識社会に適合しないという根本的問題がある。このことの含意は重大である。日本が知識社会に適応していくためには、知識労働者の流動性を格段に高める必要があることを意味するからである。また、それと並行して、国際的に通用する「学歴社会」の再構築を進める必要をも意味する。管見の限り、「知識労働者の流動性」の低さという日本的雇用システムの特徴と、日本が「知識社会に対応した学歴社会」になっていないことを示す特徴、すなわち、大学・大学院教育の軽視や大学院規模の小ささとを結び付け、「組織特殊的」か「組織超越的」「普遍的」かという「知」の形態論によって説明した論考を未だ知らない。本章は、新たな理論的枠組みを提起しようとするものである。

　日本的雇用システムの知識社会への不適応ともいうべき、知識労働者の流動性の不足という問題点だけでも、明示的に指摘した者は多くはないが、例えばドラッカーは、前掲書において、「私は、日本が、終身雇用制によって実現してきた社会的な安定、コミュニティ、調和を維持しつつ、かつ、知識

労働と知識労働者に必要な移動の自由を実現することを願っている」(ドラッカー 1999: 233) と述べている。また、ライシュによれば、「シンボリック・アナリストはどこの国でも最も移動性の大きい労働力の代表である。彼らは (ルーティン生産従事者と違って) 近くの工場に依存することはない。何かを売るために地理的に近隣に住む多数の顧客に依存するわけでもない (対人サービス従事者は依存しているが)。電話やファクシミリ、モデム、そして空港さえあれば、どこでも仕事ができる。シンボリック・アナリストは自分が働く準郊外、あるいは市内の特別地区にいる同じシンボリック・アナリストから知的協力を得ることが多いが、そこでしか働けないというわけではない。他にシンボリック・アナリストの集まっている所があれば、そこに働き場所を移すこともできる。」(ライシュ 1991: 402-403)。

　国内では、樋口 (2001) が、専門的職業従事者の労働市場が他に比べて特に流動的とは言えないことを論ずる中で、知識技能の形態論を用いている。すなわち、「専門職の技能についてもどの企業でも通用する標準化された一般的技能とはなっておらず、むしろそれぞれの企業における経験を必要とする企業特殊的技能の性格が強いのだろうか」(p. 55) という問題設定を行い、結論的に次のように述べている。「それらの仕事では、一般に人々が"プロフェッショナルな仕事"に対して持っているイメージとは違い、やはり技能の客観的評価、理論的知識の確立、作業方法の自主裁量性のいずれにおいても十分実施されているとはいえない。そしてときにはプロフェッショナル・スクールのような企業外部における専門的知識の獲得やそれらの有用性を否定する傾向さえある。依然としてわが国では、これらの専門職についても先輩からの技能を伝授されていく徒弟制度的な人事制度になっている場合が多い。職務の明確化、標準化が進んでいない制度下においては、専門的な職業能力も一般的技能というよりも企業特殊的技能の色彩が強まらざるを得ない。こうした状況では自然、流動的な労働市場は構築しにくい。」(p. 57)

　上述した樋口の論考は、流動性と知識技能の形態論を絡めて論じている点において、本章の問題意識に近い面がある。しかし、プロフェッショナル・スクールへの言及はあるものの、大学・大学院教育や学歴との関連に焦点を

当てて論じているわけではない。また、最後の引用文は、企業特殊的技能が非流動性の原因であるかのようにも読めるが、原因と結果はむしろ逆であろう。戦前から戦後の高度成長期にかけて確立したとされる、日本的雇用システムにおける長期雇用（いわゆる終身雇用）が、企業特殊的技能の徒弟制度的伝授ゆえであるというのは、あまりにも無理がある。すでに論じた通り、知識労働者の非流動性ゆえに組織特殊的な知識技能が偏重されるのである。ただし、両者は相互に維持・強化し合う関係にあると考えられるので、引用した樋口の論旨はそのように解釈すべきであろう。

　日本においては、非流動的なプロフェッショナル（知識労働者）の雇用システムとグローバルな学歴社会化の趨勢に対応していない高等教育システムは、相互補完的な複合システムをなしていると言える。そしてそれは、グローバル化する知識社会への適応面で大きな問題を抱えている。

6節　雇用の擬似流動化：正規雇用の非流動性継続と非正規雇用の拡大

　以上の論考に対し、当然出てくる疑問は、近年、日本においても、雇用の流動化が進んだことによって、終身雇用が崩壊し、米国型の競争社会・格差社会の方向に向かっているのではないか、というものであろう。マスメディアや一部論者を通じて巷間に流布したこの言説は、「常識」と化し、改革論者と批判論者はともに、この「常識」に基づいて、前者は流動化の進展による競争社会を肯定し、後者は流動化の行き過ぎによる格差社会を批判する。だが、両者とも誤っている。米国型社会に向かう「雇用の流動化」など起こっていないのである。

　図6-2によって、まずは、正規雇用（正社員）の転職率が横ばいであることを確認できる。正規雇用に関する非流動的な労働市場という、日本的雇用システムの変わっていない部分である。『平成18年版国民生活白書』において政府が認めるように、「我が国の転職率は、必ずしも上昇しておらず、労働市場が流動化してきているとはいえない」「特に、正社員の転職率は過去15

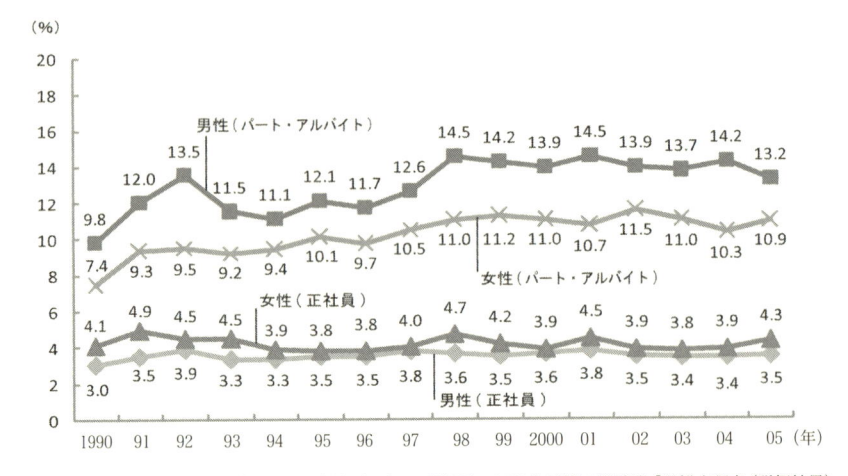

(備考) 1. 2001年までは総務省「労働力調査特別調査」2月結果、2002年以降は総務省「労働力調査(詳細結果)」年平均結果により作成。
2. 男女・雇用形態別の転職者比率を示したもの。
3. 転職者とは、就業者のうち前職のある者で、過去1年間に離職を経験した者を言う。
4. 転職者比率は、「正社員(またはパート・アルバイト)の転職者数／正社員数(またはパート・アルバイト数)×100」により算出した。

図6-2　転職率(男女別・雇用形態別)

出典：内閣府(2006：本文16)

年間ほとんど変わっていない」(内閣府 2006：要旨3)のである。

その一方で、雇用者に占める非正規雇用の割合は、1990年代以降、高まってきており、今日、全雇用者の3割以上を非正規雇用が占める。図6-3は、男女ともに、雇用者に占めるパート・アルバイト比率が、90年代半ば以降、一貫して増大傾向にあることを示したものである。

バブルの崩壊後、日本経済の長期低迷下において、人件費削減と雇用調整の手段として、パート・アルバイト・派遣社員・契約社員等の非正規雇用の拡大と正規雇用(正社員)の縮小が急速に進んだ。経済界の要望を受けて、政府も規制改革により、これを後押ししてきた。2001年以降の景気回復局面においても、この非正規雇用化の趨勢は継続している。フリーター・ニート等の問題を含め、非正規雇用の問題が日本社会の閉塞感の一因であることは、格差社会論争に見られる通りである。

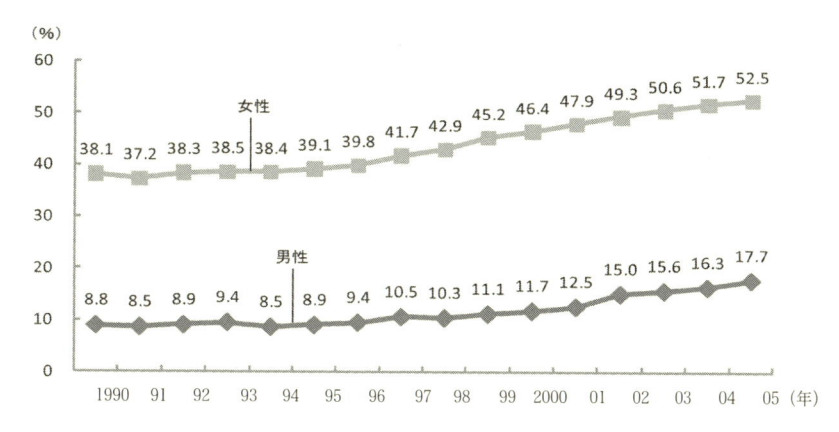

(%)
女性: 1990 38.1, 91 37.2, 92 38.3, 93 38.5, 94 38.4, 95 39.1, 96 39.8, 97 41.7, 98 42.9, 99 45.2, 2000 46.4, 01 47.9, 02 49.3, 03 50.6, 04 51.7, 05 52.5

男性: 1990 8.8, 91 8.5, 92 8.9, 93 9.4, 94 8.5, 95 8.9, 96 9.4, 97 10.5, 98 10.3, 99 11.1, 2000 11.7, 01 12.5, 02 15.0, 03 15.6, 04 16.3, 05 17.7

(備考) 1. 2001年までは総務省「労働力調査特別調査」2月結果、2002年以降は総務省「労働力調査（詳細結果）」年平均結果により作成。
2. 雇用者に占めるパート・アルバイトの比率を男女別に示したもの。

図6-3　雇用者に占めるパート・アルバイト比率の推移（男女別）

出典：内閣府（2006：本文174）

　結局のところ、近年起こっていることは、元々流動性の高い非正規雇用という不安定な職の割合が増大しただけの「擬似流動化」である。正規雇用は流動化していない。このことは、政府が公的データに基づいて認めているのみならず、研究者によっても確認されている。樋口（2001: 49-50）が次のようにまとめている通りである。「第1に企業規模、性、年齢階層別に常用雇用者の流動化現象は確認できない。現在よりも高度成長期のほうがはるかに労働市場は流動的であったし、第1次石油ショック後はバブル期に一時、流動化の気配をみせたが、それでもバブル崩壊後は離転職率ともに下がっている。」「第2の発見としては、最近の流動化現象はパートタイマーや嘱託、派遣労働者といったいわゆる非正規従業員の増加によってもたらされていることが挙げられる。」

　非正規雇用の拡大と正規雇用の非流動性維持という組合せが、非正規雇用から正規雇用への転換を一層難しくしている。これによって、両者の差は、単なる経済的な雇用形態の差異というよりも、社会的「身分」と化し、日本的格差社会の一因となっている。運良く定職に就けた正社員も、転社は困難

で、「就社」した会社の檻の中の成果主義で閉塞している。社会的安定・調和を維持しつつ、知識労働者の流動性を実現するという、ドラッカーの日本への期待とは、まさに正反対のことが現実には進行していると言えよう。サービス残業や過労死、相次ぐ企業の不祥事隠し、公共事業の談合、等々、匿名の内部告発のみでしか、問題が表面化しない日本の組織病理は、「談合社会」とも呼ぶべき状況にある。知識労働者すなわち高度専門職業人（プロフェッショナル）の自由意志による移動の困難な閉鎖的組織のよどみは、限界に来ているのではないか。

7節　社会人の学位取得を評価しない雇用システムが、再チャレンジ機会を閉ざす

　ここで、知識労働者すなわちプロフェッショナル（高度専門職業人）の養成を担うべき大学院教育の課題に目を向けたい。理系とは異なり、文系の大学院の場合、雇用のプロフェッショナル化の掛け声にもかかわらず、大学院修了を付加価値どころかマイナス要因とみなしがちな企業等の採用姿勢に大きな変化は見られない。バブル崩壊以降の日本経済の長期低迷下での厳しい雇用環境と、増え続けた大学院定員を反映して、有職者の社会人学生を除く文系大学院修了者の就職は、厳しい状況が続いてきた。目下の雇用情勢の好転は、学部新卒者のみならず大学院修了者にとっても朗報であることは間違いないが、企業にとって非正規雇用や中途採用という選択肢もある中、新卒採用における人材厳選姿勢は一定程度緩和しながらも続くと見られること、そして、日本的雇用システムの1つの特徴である文系における学部新卒者優位の採用慣行は根強いことから、文系大学院修了者の就職難が容易に解消されない構造問題であることに変わりはない。そして、雇用情勢の好転は、大学・大学院にとって出口問題を緩和する一方で、大学院にとっての入口問題の悪化につながる。学部新卒者の就職状況の改善という喜ばしい事態は、学部新卒者の大学院進学希望の減少傾向を伴うからである。こうした目下の状況においては、学部新卒者の大学院進学を当てにすることが現実的でないのみな

らず、道義的にも望ましいとは言い難いことから、社会人大学院生の確保が喫緊の課題となっている。

　社会人大学院生は、企業派遣がなくとも自発的なキャリアアップや学位・資格の取得等のために入学する者が多く、近年、急速に増大してきた。文部科学省の学校基本調査のデータによると、修士課程において、1987年度には815人にすぎなかった社会人学生が、2000年度には7,264人、2006年度には19,629人にまで大幅増している。2006年度の社会人学生（修士課程）の分野別の内訳（社会人学生数及び学生全体に占める社会人学生の比率）は、「社会科学」6,534人(32.6%)、「その他」5,162人(20.2%)、「教育」3,700人(31.0%)、「人文科学」2,086人(15.7%)、「工学」1,438人(2.2%)、「医・歯学」315人(19.3%)、「薬学」152人(3.0%)、「農学」134人(1.6%)、「理学」108人(0.8%)となっており、実数及び比率ともに文系中心のブームであることを示している。また、修士課程・博士課程・専門職学位課程を含む大学院全体で見ると（2006年度）、「社会科学」16,710人(35.8%)、「その他」9,406人(24.3%)、「医・歯学」7,569人(35.0%)、「工学」5,327人(6.7%)、「教育」4,274人(30.8%)、「人文科学」3,410人(16.2%)、「農学」816人(6.3%)、「理学」688人(3.4%)、「薬学」418人(6.5%)となり、修士課程だけのデータに比べて「医・歯学」の実数・比率の大きさと「工学」の実数の大きさが目立つが、全体としては文系中心の社会人大学院ブームを裏付けるデータであることに変わりはない。

　しかし、日本の社会人大学院ブームをめぐる状況には、手放しで楽観できないものがある。それは、大学院修了によって得られる学位や学修成果が、企業等によってあまり評価されない、処遇にほとんど活かされていない、という現実である。

　本田(2001)は、社会人学生の大学院教育に対する満足度は全体としてかなり高く、社会人学生自身が実感する教育の職業的有用性が相当に高いにもかかわらず、企業等の職場からの評価や期待は低調で、社会人学生自身、職場が学修成果を評価してくれることへの期待も強くないことを明らかにしている。本田は、社会人学生自身が実感する職業的有用性を「内部有意性」、企業等の職場が評価する有意性を「外部有意性」と呼び、前者に比べ後者がか

なり低い水準にあるとしている。外部有意性が低い要因として、本田は、「従来の日本企業が学校教育全般に対して遂行的かつ外部的な職業的有意性を強く期待してこなかったという、より一般的・長期的な背景」(p.103) に加え、社会人学生については入学時の選抜（スクリーニング）という面での能力証明が希薄であること、また、文系大学院固有の問題として未だ経験者人口が小さく有用性がリアリティを持ちにくいことを挙げている (p. 104)。

それはそれで意味のある分析ではあるが、外部労働市場が発達しておらず正規雇用が非流動的であるという重大な要因が指摘されていない。外部労働市場が発達している場合、学位は一定水準の明示知の保持証明として機能し、市場における通貨のような性格を持つが、流動性の低い所ではそもそもカレンシーの必要性も低いわけである。社会人になってから取得する学位が雇用システムにおいて評価されないので、雇用側から大学に対する学位取得者の質保証の要求は強くなく、大学側にとっては社会人の大学院入学者の質の維持に腐心するインセンティブに欠ける。他方、学生定員充足のために選抜を緩やかなものにする逆方向のインセンティブが働いている。本田の指摘する選抜面での能力証明の希薄さをもたらしているのは、このようなメカニズムである。

山田 (2004) は、経営系の大学院に限ってみても、同様に、高い内部有用性と低い外部有用性という組合せが成り立っていることを見出している。山田は、正しくも、「……外部有用性が日本で高まらない要因を探ってみると、日本の労働市場の固定性と日本企業で長期にわたって機能してきた終身雇用制および年功序列を核にした日本的経営システムとその中で機能してきた人材育成制度に行き着く」(p. 29) と指摘している。ところが、「2000年を迎えてすでに終身雇用制と年功序列制を存続している企業はもはや少数派となり、むしろ実際には多くの企業が能力主義的人事を導入し、雇用の流動性も徐々に高まりつつある」と、昨今の流動化言説に惑わされたかのような現状認識を示しているのは残念である。しかし、国家資格と結び付いた法科大学院等とは異なるプロフェッショナル・スクールの代表格ともいえる経営系大学院における社会人教育の可能性と課題を論じた意義は大きい。

本田 (2001) の提起したもう1つの重要なコンセプトは、「遂行的有意性」と「反省的有意性」の対比である。「遂行的有意性」がハウツー的に実践に直結した有意性であるのに対し、「反省的有意性」とは、「考え方や方法論の整理、背景的知識や教養、視野などの拡大ということを経由した間接的な」役立ち方をする有意性であり、「特定の学問領域の概念枠組みを用いて現実を客観的・反省的に把握しなおすことができるという点にある」有意性である。日本の修士課程の社会人学生が実感する「内部有意性」においては、「反省的有意性」が「遂行的有意性」を上回っているという (pp. 100-101)。

　社会人教育については、本田 (2001) の言う「反省的有意性」、換言すれば、学問を基盤としたリフレクションが社会人学生に評価されていることからも、実践的ノウハウ一点張りではなく、学術的・客観的知見をもって、一定の距離を取りながら自らの実践を見直す学習の場を提供することが、大学院教育の重要な使命である。知識社会において活躍すべきプロフェッショナル (知識労働者) に求められる能力としては、経験済みで処方箋のある問題に対するノウハウ的スキル (遂行的有意性) よりも、未経験の課題や前例のない事態に直面した際に自らの知の引き出しを総動員しつつ洞察力・先見性を発揮できる高度な知性の鍛錬 (反省的有意性) がより重要ということを意味しよう。これは、ライシュ (1991) のいう「シンボリック・アナリスト」(グローバルに活躍し得る知識労働者) の能力・資質にも通じるものである。だとすれば、実務家教員や外部講師によって実践知を補いつつ、大学本来の強みである理論知・学術知を活かしたプロフェッショナル・スクールの潜在的可能性には大きなものがあると言えよう。

　その顕在化を妨げる方向で作用しているのが、プロフェッショナル (知識労働者) を含む正規雇用の非流動性である。日本において、大学院による社会人教育の「外部有用性」(本田 2001) が高まらない最大の要因は、雇用の非流動性ゆえに明示知の価値を過小評価しがちな日本的雇用システムにある。これは、グローバル化する知識社会の趨勢に日本の雇用システムが適応できていないことを意味している。日本の経済・社会というシステムレベルでは、知識経済・知識社会を支える知識労働者 (プロフェッショナル) の育成面で重

大な損失をもたらすとともに、個々人のレベルでは、再チャレンジの機会を阻んでいる。同時に、大学側の要因としては、多くの場合、こうした高度専門職業人養成に自覚的に取り組んだ教育プログラムの整備が不十分であって、従来とあまり変わらない徒弟制的な研究者養成型の大学院教育に特別入試で社会人を取り込んできたにすぎないことも重要である。以上のような雇用システム及び高等教育システム双方の欠陥にもかかわらず、日本の大学院の社会人学生人口が急拡大してきたことは、システムよりも個々人の方が、意識的にか無意識的にかは別として、グローバル化する知識社会における人材育成の課題を的確に捉えていることを意味するのではなかろうか。今求められているのは、システムが個々人に追いつくことである。

8節　おわりに：システム再構築に必要な政治的意思と具体的政策手段

　本章が「流動性―可視性連関仮説」に基づいて論じた非流動的雇用と大学院規模の小さな高等教育の複合システムは、相互補完的で安定性を有しており、いわば均衡状態にあると言えよう。この複合システムが内発的に急速な変化を遂げることは期待し難い。これを変えるには、知識労働者（プロフェッショナル）の雇用を流動化するとともに学歴社会を再構築する政治の意思が必要である。また、システム変化を促す具体策がなければならない。これを詳細かつ緻密に論じることは本章の目的を超えているが、例えば国家公務員Ⅰ種試験を基本的に大学院修了者向けの試験とするといったレベルの具体性を持った方策が必要である。エリート官僚の採用の在り方の変革は、大企業を中心に民間セクターにおける採用の在り方にも影響を及ぼすであろうと考えられる。これはあくまで例示にすぎないが、政府自身が実施可能でインパクトの大きい政策手段が必須であり、これがあって初めて、民間セクターへの啓発や運動呼びかけ等の間接的手段も意味を持ち得る。意識の変化を訴えるだけでは、百年河清を待つだけに終わろう。

注

1 経済産業省のウェブサイト（http://www.meti.go.jp/policy/kisoryoku/index.htm, 2007. 2.4）によると、「社会人基礎力」とは、「職場や地域社会の中で多様な人々とともに仕事を行っていく上で必要な基礎的な能力」と定義し、「前に踏み出す力」「考え抜く力」「チームで働く力」の3つの能力に整理している。また、同省の研究会の「中間取りまとめ」（経済産業省 2006）においては、「社会人基礎力」は、「基礎学力」「専門知識」「人間性、基本的な生活習慣」等とともに、「人間力」を構成する要素とされている。
2 2004年12月7日の記者会見において、中山成彬文部科学大臣（当時）は、「OECD生徒の学習到達度調査（PISA）2003年調査」の調査結果を受けて、「全体として世界のトップレベルにあるとはいえない状況にあると私は認識しております。低下傾向にあるということをはっきり認識すべきだと考えております」と発言している（http://www.mext.go.jp/b_menu/daijin/04121501.htm, 2007.2.3）。
3 文部科学省の次のウェブサイトを参照。（http://www.mext.go.jp/b_menu/toukei/001/04120101.htm, 2007.2.6）
4 文部科学省の次のウェブサイトを参照。（http://www.mext.go.jp/b_menu/houdou/16/12/04121301.htm, 2007.2.6）
5 英国、ドイツ、フランス、イタリア、スペイン、オランダ、スウェーデン、ノルウェー、フィンランド、オーストリア、チェコの11か国である。
6 採用に当たっての学位の等級の利用及び学位の等級の高さが就職可能性と強い相関関係にあることについては、例えば Knight & Yorke (2004: 168) を参照。
7 厳密に言うと、1等から3等までは「優等学位（honours degree）」と呼ばれ、優等学位の水準に達しない者に対して授与されるのが「普通学位（ordinary degree）」又は「合格学位（pass degree）」である。
8 岩脇（2004）によると、1990年代の初めと終りを通じて、著名企業による「望ましい人材」像の言説構造には、頻出語彙の変遷にもかかわらず、「〈快活な人柄〉〈革新力〉〈目標達成志向〉からなる大きな枠組みが存在し続けた」（p.322）という。

文献

Drucker, Peter F., 1999, *Management Challenges for the 21st Century*, New York: Harper Business. P.F. ドラッカー, 1999, 『明日を支配するもの—21世紀のマネジメント革命』上田惇生訳, ダイヤモンド社.

Knight, Peter & Yorke, Mantz, 2004, *Learning, Curriculum and Employability*, London: RoutledgeFalmer.

Reich, Robert B., 1991, *The Work of Nations—Preparing Ourselves for 21st-Century Capitalism*, New York: Alfred A. Knopf, Inc. P.B. ライシュ, 1991, 『ザ・ワーク・オブ・ネーショ

ンズ─21世紀資本主義のイメージ』中谷巌訳, ダイヤモンド社.
Schomburg, Harald & Teichler, Ulrich, 2006, *Higher Education and Graduate Employment in Europe: Results from Graduate Surveys from Twelve Countries*, Dordrecht: Springer.
岩脇千裕, 2004,「大学新卒者採用における『望ましい人材』像の研究─著名企業による言説の二時点比較をとおして」『教育社会学研究』第74集, pp. 309-327.
大森不二雄, 2005a,「国境を越える高等教育に見るグローバル化と国家─英国及び豪州の大学の海外進出の事例分析」『高等教育研究』第8集, pp. 157-181.
大森不二雄, 2005b,「国境を越える大学の認可・評価に関する豪州の政策─国民教育システムへの取込みとしての質保証」『教育社会学研究』第76集, pp. 225-244.
大森不二雄, 2007,「知識社会に対応した大学・大学院教育プログラムの開発─学術知・実践知融合によるエンプロイアビリティー育成の可能性」熊本大学大学教育機能開発総合研究センター『大学教育年報』第10号, pp. 5-43.
経済産業省, 2006,『社会人基礎力に関する研究会「中間とりまとめ」』http://www.meti.go.jp/press/20060208001/20060208001.html(2008年1月20日閲覧).
佐藤博樹, 2002,「キャリア形成と能力開発の日米独比較」小池和男・猪木武徳編『ホワイトカラーの人材形成─日米英独の比較』東洋経済新報社, pp. 249-267.
内閣府, 2006,『平成18年版国民生活白書』http://www5.cao.go.jp/seikatsu/whitepaper/(2007年2月7日閲覧).
日本経済団体連合会教育問題委員会, 2004,『企業の求める人材像についてのアンケート結果』http://www.keidanren.or.jp/japanese/policy/2004/083.pdf(2007年2月5日閲覧).
樋口美雄, 2001,『人事経済学』生産性出版.
本田由紀, 2001,「社会人教育の現状と課題─修士課程を中心に」『高等教育研究』第4集, pp. 93-112.
文部科学省, 2009,『教育指標の国際比較(平成21年版)』http://www.mext.go.jp/b_menu/toukei/001/1223117.htm(2009年2月2日閲覧).
山田礼子, 2004,「プロフェッショナル化する社会と人材─経営人材のプロフェッショナル化と教育」『高等教育研究』第7集, pp. 23-47.
労働政策研究・研修機構, 2005,「高等教育と人材育成の日英比較─企業インタビューから見る採用・育成と大学教育の関係」『労働政策研究報告書』No.38.

7章　格差を拡げる入試制度はどのように始まったのか？
──日本におけるオープンアドミッション・システムの淵源

木村　拓也

1節　「学力検査を免除する」大学入学者選抜の状況
──日本と米国の場合

　1954（昭和29）年11月15日に出された第6回中央教育審議会答申『大学入学者選考およびこれに関連する事項についての答申』で、「大学入学者の選抜にあたっては、<u>学力検査の成績のみによることなく</u>、高等学校における累加記録を尊重するとともに、本人の資質を考査し、その成績をも加味すること（下線強調は筆者による。以下、同じ）」（中央教育審議会（以下、中教審）1954/1981: 24）と述べられて以降、わが国の大学入学者選抜改革は、これまで一貫して、学力検査以外の選抜指標（例えば、高校調査書成績など）を入学者選抜に利用することが唯一にして最高の入学者選抜改善策であるという「不文律」を携えて歩んできた経緯がある。だが、この問題の根底には、例えば、1954（昭和29）年当時で言うと、入学志願者現役浪人合わせて約38万人に対して、入学定員が大学で約11万1,000人、短大で約3万4,000人の計14万5,000人といった高等教育における学生収容力の小ささが存在し（中教審1954/1981: 23）、それが故に選抜性が高まって、いわゆる「受験地獄」が制度として成立していたにもかかわらず、上記答申で述べられたように、当初から、受験地獄緩和のため学力検査以外の選抜指標をどう組み込むかといった「選抜指標の問題」にすり替えられて今日を迎えている。もちろん、その間、学制改革が行われた終戦直後の1950（昭和25）年では大学201校、短大149校の計350校であったのが、2007（平成19）年では大学756校、短大434校の計1,190校

にまで拡張するなど、高等教育機関の新設・学部学科の増設を通した収容定員増が相次いだ。だが、2005（平成17）年2月1日の中央教育審議会答申『我が国の高等教育の将来像』で指摘されたように、18歳人口が1992（平成4）年度の約205万人を頂点として減少期に入り、1999（平成11）年度から2003（平成15）年度までは約150万人程度、2004（平成16）年度には約141万人となり、2005（平成17）年度からさらに減少して、2009（平成21）年度に約121万人となった後は、2020（平成32）年度まで約120万人前後で推移することが予測される時代を迎えた（中教審2005）現在、先の「受験地獄」の状況が翻って、2006（平成18）年現在では、高等学校からの大学・短大の入学志願者が現役浪人併せて67万2千人に対して（文部科学省2007）、3浪以内の高等学校からの入学者数の総計が大学・短大合わせて67万人（文部科学省2006）となる[1]など、入学者選抜の選抜性が薄れ、いわゆる「全入時代」を迎えている。

　こうした高等教育システムの総体が引き起こしている問題状況に対して、先の中央教育審議会答申『我が国の高等教育の将来像』では、大学入学者選抜が「『高等教育の質』の一環としての学生の質に関する選抜機能を十分に果たし得なくなってきている例も見られる」（中教審2005）と述べるにとどまり、「高等教育の質」の担保を、行政機関による設置審査や認証評価機関による評価を中心に、これまでの入り口管理から出口保証へと転換する形で、主として学士課程教育の充実に重きを置き、入学者選抜の改善が最重要課題であるといったこれまで中央教育審議会答申等々で幾度も述べられてきた改革方針[2]とは明らかに一線を画すようになってきたのが、昨今の大学入学者選抜をめぐる状況であろう。

　一方で、すでに収容力を十二分に満たすようになってきた高等教育システムは、2001（平成13）年12月11日に出された総合規制改革会議答申『規制改革の推進に関する第1次答申』で、「大学や学部の設置に係る事前規制を緩和するとともに事後的チェック体制を整備するなど、一層競争的な環境を整備すること」とされ、特に、「『大学、学部の設置及び収容定員増については、抑制的に対応する』という方針を見直すべきである」（総合規制改革会議2001）という大指針を示されたことで、2002（平成14）年8月5日の中央教育審議会

答申『大学の質の保証に係る新たなシステムの構築について』では、これまで、昭和40年代以前の急速で無計画な規模拡大以降、それまで4度の高等教育計画[3]によって設けられ、第2次ベビーブーム等での18歳人口の急増も臨時定員枠のさじ加減を調整することで凌ぐなど、禁欲的に制限してきた高等教育機関の新設・学部学科の増設を通した収容定員増に関する「抑制方針」を、2003（平成15）年度以降は、「大学が社会のニーズや学問の発展に柔軟に対応でき、また、大学間の自由な競争を促進するため」撤廃し（中教審2002）[4]、ますます高等教育機関の新設・学部学科の増設を通じた収容定員増の動きが拡大することとなった。

　当然ながら、以上の状況を受けて各大学・短大ともに生き残り策を懸命に模索する格好となり、ありとあらゆる手段を用いて学生獲得戦略を講じなければならない事態が生じた。このことが大学入学者選抜の在り方に決定的な影響を与える結果となっている。それは特に、日本の高等教育機関の多数を占める私学セクターに象徴的に現れている。**表7-1**で示したとおり、私立セクターにおける入学定員充足率100％未満の大学と重複受験が多いことから実質的に選抜になるかならないかのラインとしての1つの目安である入試倍率3倍未満の大学・短大の状況を見てみると、2003（平成15）年から2007（平成19）年までの間で志願者数が5％の減少（71万人から67万人）にとどまったにすぎないことを踏まえれば、大学で前者後者とも10％増加し、短大で前者が16％、後者で6％増加していることは、ある程度急激な変化と見てもよいのかもしれない。荒井（2004）は、これらの状況が非・学力選抜型の入学者選

表7-1　私立大学における入学定員充足100％未満、
　　　　入試倍率3 倍未満の大学・短大の状況

		2003(平成15)年	2004(平成16)年	2005(平成17)年	2006(平成18)年	2007(平成19)年
大学	定員充足100％未満	147 (28％)	155 (29％)	160 (30％)	222 (40％)	221 (40％)
	倍率3倍未満	230 (44％)	243 (46％)	249 (46％)	269 (49％)	303 (54％)
	機関総数	521	533	542	550	559
短大	定員充足100％未満	190 (46％)	164 (41％)	158 (41％)	193 (52％)	225 (62％)
	倍率3倍未満	373 (90％)	353 (88％)	351 (92％)	347 (93％)	350 (96％)
	機関総数	416	400	383	373	365

出典：日本私立学校振興・共済事業団私学経営相談センター（2007）他より作成

抜の拡大を招いていることを問題視し、2001（平成13）年では、入試倍率が3倍未満の私立大学に入学した学生がざっと11万で、そのうち推薦入学・AO入試での入学者が4割として4万人、それを除いた7万人が実質的に選抜の成立しない状況で入学したとすれば、その7万人に、国公私立大学の推薦入学の20万人、AO入試の2万人を足した29万人、つまり2001（平成13）年度の4年制大学の入学者総数約60万人に対して48％もの学生が、非・学力選抜による入学者であると試算できる（荒井2004: 303-304）。同様の基準で、2006（平成18）年の私学共済事業団の報告によって試算してみれば、入試倍率が3倍未満の私立大学に入学した学生がざっと23万人でそのうち推薦入学・AO入試での入学者が47％としておよそ11万人、それを除いた12万人に、国公立私立の推薦入学の21万人、AO入試の3.5万人を足して、36.5万人、つまり、2006（平成18）年度の4年制大学入学者約60万人のうち60.8％もの学生が非・学力選抜による入学者となる。このことは、入学者総数がほぼ横ばいの中、年々推薦入学とAO入試による入学者が増える状況（**図7-1**）や、国立大学協会が2006（平成18）年11月6日に出した『国立大学の入学者選抜についての平成20年（2008）度実施細目』で示したように、1995（平成7）年度の『大学入学者選抜実施要項』から定められていた推薦入学の募集人数3割基準が、国立大学協会の実施細則によって推薦・AO合わせて5割基準が出されたことをふまえると[5]、何らかの政策転換が施されない限りは、今後、ますます非・学力選抜の拡大を招いてしまうと予想される。

　こうして日本では、大学入学者選抜が、ますます学生の「質」に関する選抜機能を十分に果たし得なくなりつつあると言われる状況を迎える一方で、日本より一足早くユニバーサル段階[6]を迎えた米国の各大学がここ20年間に入学者選抜戦略をどう切り替えたのかを尋ねた調査結果は注目に値する。大学機関研究(IR)専門教員協会(the Association for Institutional Research; AIR)、カレッジボード (the College Board)、教育テスティングサービス (Educational Testing Service; ETS)、アドミッション専門教員協会 (the National Association for College Admission Counseling; NACAC) が共同して継続的に行っている調査報告書『大学入試の潮流2000年版』(*Trends in College Admissions 2000*) によれば、ここ20年間

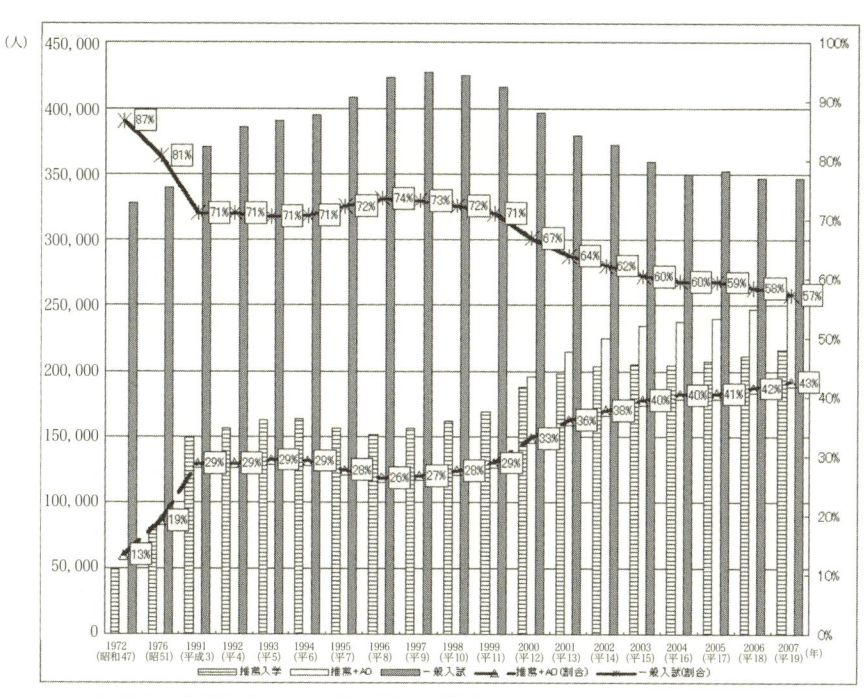

7章 格差を拡げる入試制度はどのように始まったのか？　121

図7-1　大学における一般入試及び推薦・AO入試による入学者の実数と
その全入学者の中で占める割合[7]

出典：「国公私立大学における入学者選抜実施状況の概要」（各年度）より作成

ほどの間に、4年制公立大学の「開放入学」の割合が減少し、「資格選抜」の割合が上がっており、4年制私立大学の「資格選抜」の割合が減少し、「競争選抜」の割合が上昇している[8,9]（図7-2）。つまり、「資格選抜」から「競争選抜」へ、あるいは、「開放入学」から「資格選抜」にステップアップした大学が増えている。要するに、「資格選抜」を行っている大学を中堅レベルの大学と捉えれば、その層での劇的な変化が起こっており、ユニバーサル段階を迎えてなお、選抜性が薄れるどころか、より上位レベルの大学を目指して、局所的にますます競争が激化していく。その競争激化の中で、飽食時代にグルメ志向が生じるように、誰でも入れる大学が多数存在する中でも一握りの難関校を目指すようになる。そして、難関校の層が一定数必要とされ、中堅大学

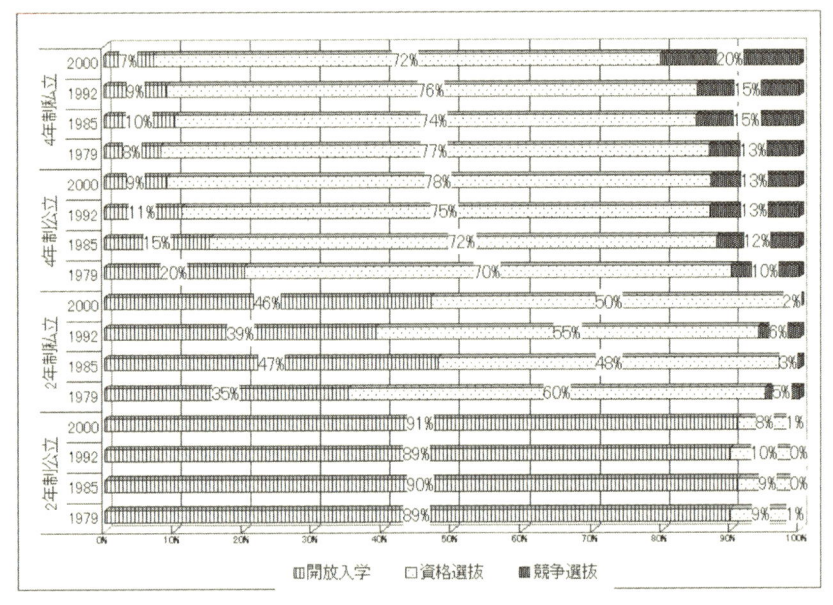

図7-2 米国における高等教育機関の選抜性の比率の変化

出典：Milewski & Camara (2002) Table 2.1 より作成

からランクアップして「ブランド化」した大学が出現するのが、ユニバーサル段階の大学入学者選抜の一帰結と言える。

さらに、興味深いのが、いかにも米国らしいネーミングの「公正で開かれたテスト実施のための全米センター」(the National Center for Fair and Open Testing)が開設している「公正なテスト」(Fair Test) と題されたwebページ (http://www.fairtest.org/) が公開している、「SATやACTなどのテスト得点を必ずしも申告しなくても入学許可を与える大学のリスト」(test score optional list) である。このリストに掲載された大学数は、1995年231校、1997年280校、2002年391校と順調に数を伸ばし、2003年には700校を突破するなどその数が急増、最新のリスト（2007年）では735校（全米4年制大学の27％）となっている (the National Center for Fair and Open Testing 2007)。一見、テスト得点を入学許可に用いないというフレーズを聞けば、開放入学の拡大を連想させるが、このリストの735校のうち29校が全米最優秀リベラルアーツカレッジ (best liberal arts

7章　格差を拡げる入試制度はどのように始まったのか？　123

colleges) のトップ100にランキングされるなど、その様相は一様ではない。

さらに、2002年版リストに掲載された大学のうち390校を再調査したMilewski & Camara (2002) によると、このうち大部分の生徒が入学許可を与えられる際にSATやACTの得点を必要としない173校を分類したところ、本当の意味で開放入学となっている大学は、実際には47校(27.2%)にとどまり、無回答を除く、倍率2倍以上11校 (6.4%)、1.3倍以上2倍未満16校 (9.2%)、1.3倍未満24校 (13.9%) の計51校 (29.4%) では、たとえ入学許可に際してSATやACTの得点を必要としない大学であっても、選抜が成立している。また、173校のうち、多くがリベラルアーツカレッジ (104校 ; 60.2%)[10]であり、また、自身の大学の選抜性について問うた質問にも、無回答や特殊なケースを除いて、most competitive が2校、highly competitive 5校、very competitive 5校、competitive 12校と計24校 (13.9%) が選抜性を認め、less competitive 28校、non competitive 23校の計51校 (29.5%) と比してもその割合が意外に多い。また、全体の390校から173校を引いた残りの217校では、大部分の学生の入学に際してSATかACTなどのテスト得点を要求しており、入学許可に必要な大学が52校 (13.3%)、出身高校で上位10%に入っていなかった生徒やGPAが3.0以下など入学基準を満たさない場合にSATかACTなどのテスト得点を要求する大学が85校 (21.8%)、入学許可ではなくクラス分けなどにSATかACTなどのテスト得点を用いている大学が32校 (8.2%)、州外の生徒やホームスクールでの学習者や、大学の中の特別なコースへの入学を希望していたりする場合にのみSATかACTなどのテスト得点を課す場合35校 (9.0%)、SAT以外のテスト、たとえば、SATIIなどの教科テストやCareer Programs Assessment test (CPAt)、カレッジボードのACCUPLACERなどの他の外部基準となるテスト得点を必要とする大学が13校 (3.3%) となっている。SATやACTの得点では差がつかないため他の選抜基準で入学許可を与えるような選抜性が極端に高い大学は別にして、究極的には面接や自己アピール「のみ」で合否を決めるきらいのある日本とは異なり、SATやACTのテスト得点を入学許可に利用しないと表立って謳っている大学でさえ、各種様々な入学基準(スタンダード)を定めており、ここ20年間で、4年制公立大学の「開放入学」の

割合が下がり、「資格選抜」の割合が上がったように、押せば自由に扉が開くといった皮肉混じりの表現である開放入学 (Open-door Admission) が少なくなりつつあるのが、昨今の米国における大学入学者選抜の状況である。

2節　『大学入学者選抜実施要項』にみる推薦入学・AO入試

ここで、ユニバーサル段階を迎えた日本が至った帰結——何の入学基準(スタンダード)にもよらない非・学力選抜の急激な拡大——はいかにして成立したのかが1つ必然的な疑問として沸き起こるであろう。これまでも推薦入学研究の蓄積は数多く（池田1982; 苅谷2000; 木村2007a; 木野内2004; 黒羽1992; 中島1982, 1983; 中村1996, 1997, 2000; 佐々木1990a, bなど）、例えば、推薦入学が勉強時間や予備校経験を少なくする（中島1982; 中村1997; 苅谷2000）、推薦入学が大学に入りやすい楽な方法と捉えられがちである（中村1997）など、ネガティブな要因も幾度となく指摘され続けてきた（例えば、**表7-2・7-3**）。にもかかわらず、なぜ、日本は、学力選抜を度外視した入学者選抜を正当化し、それを

表7-2　選抜方法別の勉強時間・通塾日数・推薦入学高低率

選抜方法	一般入試	指定校推薦	附属学校進学	公募推薦	全体
勉強時間（時間）	4.37	2.57	2.17	2.79	3.55
通塾日数/週（日）	2.19	1.07	0.93	1.40	1.73
「推薦入学は合格しやすい」の肯定率（％）	67.4	78.5	82.6	74.4	72.2
「附属高校進学者は楽」への肯定率（％）	84.2	82.2	93.8	83.7	85.9

出典：中村 (1997) 図8、表7および8より作成

表7-3　高校2年生の1日当たりの学校外での学習時間の平均
（進路希望・受験形態別）
[分]

進路希望	一般入試	推薦入学
専門学校・各種学校	41.5	29.1
短期大学	94.8	33.0
私立4年制大学	85.9	46.7
国公立4年生大学	131.5	89.5

出典：苅谷 (2000: 48)

制度化していったのか。このことを本章の課題に設定し、まずは推薦入学やAO入試が正当化・制度化された経緯を『大学入学者選抜実施要項』の記載の変遷を中心に追っていこう。

1 推薦入学の開始と能研テストの失敗
①推薦入学開始の経緯

公式に推薦入学が、『大学入学者選抜実施要項』に記載されたのは、1967（昭和42）年度からであり、それをもって「推薦入学の公認の始まり」（佐々木 1990b: 72）とする向きもある。だが、佐々木（1990b）でも指摘されたように、すでに、「実施要項に選抜方法の1つとして取り上げられる以前に、文部省と協議のうえ実施していた大学があり、昭和41年度にすでに実施していた大学は31校もあった」（文部省大学学術局大学課 1970: 42-43）のも事実である。というのも、1966（昭和41）年度の実施要項では、「第四選抜方法」の「三調査書」の(3)「なお、大学は、必要により、Aに属する生徒のうち、とくに成績優秀で高等学校長が責任をもって推薦できる生徒については、Ⓐと標示するよう希望することができる」（文部省大学学術局大学課 1970: 82）とされ、これを受け37大学が推薦入学制度の創設を希望した。結局、協議の結果31校に推薦入学が認められ、うち13大学で、このⒶ標示のみに基づいて学力検査を免除して入学者を選抜する方法をとり、残りの18大学で、このⒶ標示および適性の他に大学が推薦要件を具体的に定めて選抜する方法を取ることになった（文部省大学学術局大学課 1965: 35）。また、それより以前にも、例えば、「昭和35年度大学入学者選抜実施要項趣旨徹底協議会」において、「面接の結果を合否の判定に用いられるかどうかについては要項に示すとおり、その評価が主観的になる可能性があるので、合否の判定には用いないことを原則としている。推せん入学については制度としてはこれを認める段階にはいたっていないが、内申書を重視する一つの方法として、これに制限を加えることは考えていない」（大学学術局大学課 1960: 34）といった趣旨のことが全国6ブロックで開かれた協議会で話されるなど、入学者選抜政策として1967（昭和42）年度の実施要項以前から推薦入学の制度化をうかがっていた経緯があった。

この1960（昭和35）年の記述では、推薦入学やAO入試において面接がことさら強調される昨今のイメージとは真逆で、面接に積極的な意味を見出していないことは興味深いが、この背景にあったのは、冒頭で述べた、1954（昭和29）年の中教審答申における、学力試験偏重から調査書重視への入学者選抜政策への転換の流れである。1963（昭和38）年の中教審答申『大学教育の改善について』で調査書重視が再度謳われて、1963（昭和38）年度から高校での学習到達度を測るテストとして能研学力テストが設計・開始されたことでも明らかなように、推薦入学の開始が、調査書に書かれた高校成績による入学基準を設定しようとする動き[11]とセットで目論まれていたことは着目に値する。こうして、1966（昭和41）年度からⒶ標示が創設されたことに続く、調査書重視選抜への転換の「第2弾」として、「1回限りの学力検査による選抜の合理性への疑問、学力検査偏重による過度の受験準備教育の弊害などの問題点解決の一助となり得るとの判断に基づいて採用されたもの」（文部省大学学術局大学課1970: 42）として、1967（昭和42）年度の実施要項に下記のように記載され、推薦入学が公式に制度化されその数を増やしていった（**表7-4**）。

第四　選抜方法
　入学者の選抜は、出身学校から提出される調査書、大学が実施する学力検査及び健康診断の結果を資料とし、合理的に総合して判定する方法による。また、入学定員の一部について、学力検査を免除して出身学校長の推薦に基づいて判定する方法によることもできる。なお、大学の意向により、財団法人能力開発研究所の行うテスト（進学適性テスト、学力テスト）の結果の一部もしくは全部を上記の資料を補うために利用すること、またはこのテストの一部もしくは全部をもって大学が実施する学力検査の一部もしくは全部に変えて利用することもさしつかえない。（…中略…）
　4. 推薦入学
　学力検査を免除して出身学校からの推薦に基づいて判定する方法による場合は、大学が定めた推薦の要件を高等学校長にできるだけ具体的に提示して推薦を求めるものとする。　　　　　　　　　　（文部省大学学術局1966: 51-55）

さらに言えば、この「調査書重視の考え方を発展させた方法」としての「推薦入学制度」（文部省大学学術局大学課1970: 50）は、上で示したように、当初か

表7-4 推薦入学の方法をとった大学・短期大学の実数

区分 年度	大学				短期大学				合計			
	国立	公立	私立	計	国立	公立	私立	計	国立	公立	私立	計
(41)	1	1	11	13	1	1	16	18	2	2	27	31
42	4	1	33	38	1	4	31	36	5	5	64	74
43	6	2	45	53	1	3	51	55	7	5	96	108
44	7	2	98	107	3	3	68	74	10	5	166	181
45	6	3	114	123	3	5	160	168	9	8	274	291

出典：文部省大学学術局大学課 (1970: 42)

ら「学力検査を免除して」という規定が存在していたが、当時のコンテクストで言えば、共通1次の開始まで最終的には解決策を提示することができなかった、入学試験における難問奇問の出題が含意されての「(カッコ付きの)学力検査」であったことは見逃してはならない。つまり、「学力検査を免除して」という規定の中に、先の中村 (1997) や苅谷 (2000) らが示した学習時間減につながる高等学校での学習活動への悪影響という現象に象徴的に現れたように、推薦入学の志願者層が一般選抜のそれとは異なり、推薦入学制度ではより学力レベルの低い層の中での選抜を各大学が余儀なくされることは、当時まだ全く想定されておらず、あくまで、「過度の受験準備教育の弊害」などに対する特効薬として、高校以下の教育への好影響の面ばかりが期待されて開始された制度が、推薦入学制度であった。

②能研テストの失敗以後の推薦入学

だが、能研学力テスト・適性テストといった成績資料を入学基準(スタンダード)として使用することも含んで開始された推薦入学制度の構想は、即座に頓挫する事態を迎えてしまう。というのも、1968(昭和43)年度の実施要項で、前年度の「4.推薦入学」の記述の直後に、「なお、推薦入学を実施する場合には、財団法人能力開発研究所の行うテストの結果を判定の参考資料にすることが望ましい」と書き加えられたにもかかわらず、1968 (昭和43) 年度を最後に肝心の能研テストの実施母体である財団法人能力開発研究所が解散してしまい、能

研テスト自体が廃止されてしまった。このことで、推薦入学は入学基準となるべき唯一の入学基準(スタンダード)を喪失してしまい、「学力検査を免除する」の規定と共に学校間格差の問題がありそれだけでは各受験者を比較することの能わない高校調査書成績のみが残された。

その後、1970（昭和45）年度の実施要項から、それまで推薦入学の選抜期日が明確でなかったという理由で、「第3 選抜期日」「2. 出身学校長の推薦に基づき、学力検査を免除し、調査書を主な資料として判定する場合は、判定結果を原則として、昭和45年2月20日までに発表するものとし、この期日に応じて入学願書受付機関を適宜定めるものとする」と、合格発表期限「のみ」が当面定められた（文部省大学学術局大学課1970: 46）。1971（昭和47）年度の実施要項からは、推薦入学の補足として、「(ア)大学は、能力・資質・適性等に関する推薦の要件を具体的に定め、これを高等学校長に提示して推薦を求めるものとする」「(イ)大学は、志願者について面接を行い、または小論文を課すことが望ましい」（文部省大学学術局長1971: 109）が書き加えられ、新たな入学基準(スタンダード)を小論文と面接試験の結果に「のみ」依存する構造が生まれた。1960（昭和35）年の段階では、面接は主観的で合否に用いられることは望ましくないと述べられていたにもかかわらずである。これは3節で詳述するが能研テストの追跡調査結果を受けた中教審答申『今後における学校教育の総合的な拡充整備のための基本的施策について』（46答申）に由来している。

次に、推薦入学に関して実施要項の規定が大きく変化するのが共通第1次学力試験の開始時である。共通第1次学力試験が、能研学力テストと同様に、その目的を「国立大学に入学を志願する者について、主として、高等学校の段階における一般的かつ基礎的な学習の達成の程度を判定することを目的とする」（大学入試センター所長1977: 15）とされたことから、能研テストの失敗により達成できていなかった、共通テストによる推薦入学の入学基準(スタンダード)の設定を目指したものであり、当初、2次試験の免除のみが目論まれており、あくまで共通第1次学力試験の免除は例外的に始まったにすぎなかった（**表7-5**）。1979（昭和54）年度の実施要項における推薦入学の箇所は次の通りである[12]。

第10 国立大学の入学者選抜方法等
 5 特別の選抜方法 (1) 推薦入学
  ア 各大学は、第1の2の (1) に掲げる選抜方法 (筆者注：推薦入学) をとることもできるものとし、この場合の学力検査の免除については、第2次の学力検査のみ免除することを原則とするものとする。ただし、当該大学・学部等の目的、特色、専門分野等の特性に応じ、特に必要のある場合には、共通第1次学力試験についても免除することができるものとする。
  イ この方式による出願の方法、受付期間等は、各大学が適宜定めるものとするが、その判定結果の発表は、2月25日 (学力検査の全部を免除する場合は1月31日) までに行うものとする。　　　　　　(文部省大学局長 1977: 7)

表7-5　昭和54年度国立大学推薦入学における共通第1次学力試験の免除

区　分		学部数	学力検査の免除	
			共通第1次を課す	共通第1次をも免除
ア 全学的に行う	工学系	3	3	0
イ 学部、学科の一部で行う	社会科学系	7	3	4 (4)
	工学系	19	14	5 (3)
	農学系	27	20	7
	教員養成系	6	4	2
	学郡	5	0	5

注：括弧内の数字はそのうち夜間 (二部) の数を表す。
出典：文部省大学局 (1977: 23)

2　臨時教育審議会路線の残滓——「規制緩和」としての推薦入学・AO入試

①臨時教育審議会答申と推薦入学

『大学入学者選抜実施要項』における推薦入学の項目で、次に大きな変化が起こったのが、1988 (昭和63) 年5月25日に出された1989 (平成元) 年度の実施要項であった (文部省高等教育局大学課 1989)。「偏差値偏重の受験競争の弊害を是正するために、各大学はそれぞれ自由にして個性的な入学者選抜を行うように入試改革に取り組むことを要請する」(臨時教育審議会 1988: 288) と謳われた、臨時教育審議会 (以下、臨教審) の最終答申が出されたのが1987 (昭和62) 年8月7日である。つまり、この臨教審答申を受けて初めて出された実施要項が1989 (平成元) 年度のものであった。冒頭で、「個性化・多様化を進めるという教育改革の極めて重要な方向に沿って、なお一層の工夫・改善を進めるような引き続き格別のご努力をお願いします」(文部省高等教育局大学

課1989: 31)と臨教審路線を色濃く引き継ぐものとして位置づけられたこの実施要項での改正点は、何も、前書きの「入学者選抜に多面的な判定への配慮を求めたこと」だけにとどまらなかった。前節で見たように、共通第1次学力試験の開始により、推薦入学の学力免除規定が2次試験の免除に限定され、共通第1次学力試験までもの免除は、当初、例外的なものとして始まったにもかかわらず、1989（平成元）年度の実施要項では、この「例外」規定が撤廃され、国立大学の推薦入学において、共通第1次学力試験も2次試験も免除なもの（推薦入学Ⅰ）と2次試験のみが免除のもの（推薦入学Ⅱ）とが並列になった。1989（平成元）年度の実施要項の推薦入学の箇所は次の通りであるが、推薦入学ⅠとⅡの並列規定は、「従来、記載内容が詳細かつ具体的過ぎる面も見られたことから、全体的に内容の重複を整理するとともに、記載の簡略化をはかる」（文部省高等教育局長 2005: 19）と謳われた2006（平成18）年度の実施要項改正の段階で完全に消滅してしまうこととなる[13]。

第10　国立大学の入学者選抜方法等
　　4　特別の選抜方法　(1)推薦入学
　　ア　各大学が推薦入学を実施する場合の学力検査の免除については、<u>第2次の学力検査及び共通第1次学力試験を免除</u>（推薦入学Ⅰ）し、又は、<u>第2次の学力検査についてのみ免除</u>（推薦入学Ⅱ）することができるものとする。
　　イ　推薦入学を実施する場合の出願の方法は、受付期間等は、各大学が適宜定めるものとするが、その判定結果の発表は、推薦入学Ⅰについては前年度の1月29日、推薦入学Ⅱについては前年度の2月18日までに行うものとし、入学手続の締切期限は、推薦入学Ⅰ、推薦入学Ⅱとも前年度の2月23日までとする。
　　　　　　　　　　　　　　　　　　　　　（文部省高等教育局大学課 1989: 48）

こうした推薦入学に対する「規制緩和」が進む中で、直後の1991（平成3）年4月19日に出された中教審答申（第29回）『新しい時代に対応する教育の諸制度の改革について』では、「できるだけヴァラエティに富んだ個性や才能を発掘、選抜するため、点数絶対主義にとらわれない多元的な評価方法を開発する」ことが謳われ、それに合致したもの1つとして推薦入学制度が位置づけられていった。つまり、「推薦入学が一般選抜とは異なる多様な尺度を

用いて個性ある学生、あるいは大学の特色に合った学生を選ぶこと」のできる制度として、その成功が、学生の「不本意入学を避け、その大学への進学を強く希望する意欲ある学生を受け入れること」にもつながり、結果として、「偏差値重視や点数絶対主義を改めていく上で、また、高校生活をその目的に沿って有意義に過ごさせる上で有効な一制度として今後もますます活用されるべき」ものとして推奨されたのである。だが、たとえ元々の理念がいくらよかれという思いの上であったとしても、その実態は必ずしも望ましいものではなく、同答申の「第2節　大学入学者選抜の改革等　(3)推薦入学制度の改善」では、少子化を控えた各大学のなり振り構わぬ学生獲得戦略の中で、推薦入学の弊害が指摘される事態となっていた。答申で述べられるに、それは、第1に、推薦入学者の上限規定がなく、学生の大多数を推薦入学させるといった「募集人員」の問題であり、第2に、「推薦入学の目的」に反して一般入試とほとんど変わらない入試を実施しているといった「選抜方法」の問題であり、第3に、かつては11月下旬以後に合格決定を行う大学が普通だったのが、現在では私立大学を中心に早期化の傾向が目立ち、9月、10月に合格決定を行うところも見られるようになったといった「実施時期」の問題であった。その結果、推薦入学制度が学校教育の全体を歪めているとの見解がはっきりと打ち出されたのである（中教審1991）。

　だが、その後も実態が改められることはなく、全国高校長協会は1992（平成4）年5月に開かれた総会で、推薦入学の実施時期を11月中旬以降に統一するよう申し入れたりした（黒羽1992: 47）ところ、直後の1993（平成5）年9月16日の大学審議会（以下、大学審）が出した『大学入試の改善に関する審議のまとめ（報告）』では、先の中教審答申での指摘からさらに具体的な言及を行い、「3　推薦入学　(2)選抜方法」では、調査書を補完するための「簡単な基礎学力テスト」であっても例外ではなく、「学力検査を課すことは、推薦入学を実施する本来の趣旨とは相容れない」とし、「同 (3)実施時期」では、「推薦入学の受付開始時期を、たとえば、2学期半ばの11月以降とするなど、一定の時期以降に限定することを提案する」とし、「同 (4)募集人員」では、「入学単位に占める推薦入学者の割合は、大学については3割、短期大学につい

ては5割を超えないことをめやすとすることを提案する」(文部省高等教育局企画課 1993: 16-19) とした。このことで初めて推薦入学が「規制強化」方向で実施要項の改正、および、趣旨の徹底がはかられることとなり、1994（平成6）年5月17日に出された1995（平成7）年度の実施要項から、中教審・大学審で言及された3つの点についてそれぞれ改正、および、趣旨の徹底が行われた。まず、「選抜方法」については、推薦入学の開始以来ずっと「学力試験免除」の規定が存在しているので、通知に再度その趣旨が徹底される旨が書き加えられたにとどまったが、残り2つは、次のように改正された。

第2 選抜期日
 2 推薦入学による場合は、原則として、入学願書受付を平成6年11月1日以降とするものとし、その判定結果を第1の1による選抜方法の試験期日の10日前に発表するものとする。
第7 募集人員
 2 推薦入学の募集人員については、私立大学の附属高等学校からの推薦入学に係るものを除き、学部・学科等募集単位ごとに入学定員に占める割合が、原則として、大学については3割、短期大学については5割を超えないことをめやすとして、各大学において定めるものとする。
(文部省高等教育局長 1994: 1)

それによると、これまで推薦入学の判定結果の発表(1979（昭和54）年度から)や入学手続の締切期限(1987（昭和62）年度から)のみ規定されていたものが、「選抜期日」が設定され願書の受付開始日を11月1日以降とすることが定められており、この「選抜期日」に関する規定は現行の2008（平成20）年度の実施要項においても未だ継続して存在している。一方で、「募集人員」の上限規定については、AO入試の開始に伴い2000（平成12）年度の実施要項の改訂で、大学が私立大学の附属高等学校からの推薦入学を除いて募集単位の5割まであったのが、私立大学の附属高等学校からの推薦入学を含めて募集単位の5割となり(文部省高等教育局長 1999: 10)、2006（平成18）年度の実施要項からは、「私立大学」の限定がなくなった(文部科学省高等教育局長 2005: 4)。また、短期大学は、5割の上限が、2000（平成12）年度の実施要項の改訂でなくなり、「短

期大学の推薦入学の募集人員については、推薦入学の趣旨を踏まえ、高等学校教育に及ぼす影響にも配慮して、各短期大学が適切に定めるものとする」と規定が変わった（文部省高等教育局長 1999: 10）。先の「選抜期日」とは異なり、「募集人員」の方は、再び、「規制緩和」の方向へ向かっていると言える。

②臨時教育審議会答申と AO 入試

　また、同様の観点で 2000（平成 12）年度から国立大学でも開始された AO 入試について検討してみよう。そもそも、AO 入試は、臨教審の『教育改革に関する第 1 次答申』の中で、「人間を多面的に評価し、選抜の方法や基準の多様化、多元化を図らなければならない」（臨教審 1985/1988: 28）と述べられたことに始まり、その後、1991 年の中教審答申『新しい時代に対応する教育の諸制度の改革について』での「できるだけヴァラエティに富んだ個性や才能を発掘、選抜するため、点数絶対主義にとらわれない多元的な評価方法を開発する」（中教審 1991）ことが謳われ、1993 年大学審議会報告『大学入試の改善に関する審議のまとめ』では、「各大学においては、評価尺度の多元化・複数化し、受験生の能力・適性等を多面的かつ丁寧に判定する方向で、高等学校から提出される調査書や学力検査、面接、小論文、実技検査等を適切に組み合わせて実施する」（大学審 1993）とされ、1997 年の中教審答申『21 世紀を展望した我が国の教育の在り方について（第 2 次答申）』でも「選抜方法の多様化や評価尺度の多元化、特に、総合的かつ多面的な評価を重視するなどの丁寧な入学者選抜を行ったり、調査書重視など初等中等教育の改善の方向を尊重した入学者選抜の改善」（中教審 1997）が求められるといった、「入試の多様化」「評価尺度の多元化」路線を基調に、2000（平成 12）年度から国立 3 大学（筑波・九州・東北）が参加、実施要項の中では 2002（平成 14）年度より「第 1 選抜方法」の欄で、「詳細な書類審査と時間を掛けた丁寧な面接等を組み合わせることによって、受験生の能力・適性や学習に対する意欲、目的意識等を総合的に判定する方法」（文部省高等教育局長 2001: 35）として規定されたものである。

　先の推薦入学と同様に実施要項の項目を確認してみると、「募集人員」については、実施要項の中に AO 入試の上限規定は存在しない。ただ、1 節で

も紹介したように、2008年度の国立大学協会の入学者選抜実施細目では、推薦・AO合わせて募集単位の5割基準が出されているのが、現在のところ「募集人員」の上限規定の役割を果たしている。次に、「選抜期日」に目を移せば、2002（平成14）年度実施要項の通知10⑷では、「学力検査を行う場合には、原則として、2月以降とし、複数回の面接の実施等にあたっては、その時期、内容等に関し、高校生に、過度な負担とならないようにするなど、高等学校教育への影響を十分に配慮すること」（文部省高等教育局長 2001: 32）と述べられていたが、この通知内容は、簡素化された2006（平成18）年度実施要項からは削除され、現在は「原則として2月以降」の縛りがないに等しい。また、学力検査が課されないAO入試についても、次に記したように、一般入試の「選抜期日」として規定されている2月1日から4月15日までの間に実施することを要しないとされた。

　第2　選抜期日
　　3　アドミッションオフィス入試を実施する場合には、次の諸点に留意しつつ、高等学校教育への影響を十分配慮すること。
　　　⑴　学力検査を課さないで、調査書、面接・小論文その他の入学志願者の能力・適性等に関する検査結果を主な資料として判定する方法については、その具体的な方法が多様であることにかんがみ、必ずしも上記1の試験期日（筆者注：平成14年2月1日から4月15日までの間）によることを要しないものとするが、高等学校教育に対する影響に十分配慮し、時期、方法等に関し受験生に対し過度に負担となることのないよう適切に定めるものとする。この際、できる限り高等学校の理解と協力を得る努力を行うことが望ましい。なお、入学手続きをとった者に対しては、これらの者の出身学校と協力しつつ、入学までに取り組むべき課題を課すなど、入学後の学習のための準備をあらかじめ用意しておくことが望ましい。
　　　（文部省高等教育局長 2001: 36）

　さらに、2006（平成18）年度実施要項以降は、AO入試に関する「第3選抜期日」の規定が、「2　アドミッションオフィス入試、推薦に基づく選抜等において、学力検査を課さずに選抜を行う場合は、上記1の試験期日（筆者注：平成18年2月1日から4月15日までの間）によることを要しないが、高等学校教育に対す

る影響や入学志願者に対する負担に十分配慮すること」のみとされ、現在では、学力試験を課す／課さないにかかわらず、事実上、何の「規制」も無きに等しい状況と言える。

　ここで興味深いのは、国立大学でAO入試が開始された（平成12）年度の入学者数を1としたときに、国公立大学と私立大学における推薦入学者とAO入試入学者の伸び率を求めてみると（**図7-3**）、選抜期日が11月以降と定められている推薦入学比率がこの7年間でほとんど変化していないのに対し、選抜期日について特に定めのないAO入試による入学者が近年増えていることである。特に、国公立大学のAO入試による入学者の伸びに顕著であるが、実施要項で「選抜期日」についての規定を実質「なし」と表明した2002（平成14）年度と、学力検査を課すものにつけられていた「原則として2月以降」を撤回した2006（平成18）年度にAO入試による入学者の伸び率が大きい。このことは、臨教審の第1次答申での「人間を多面的に評価し、選抜の方法や基準の多様化、多元化を図らなければならない」（臨教審 1985/1988: 28）が正し

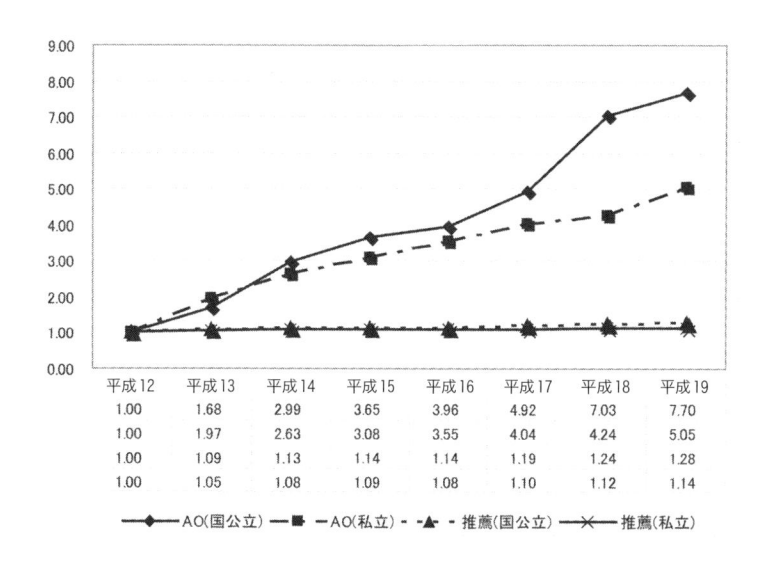

図7-3　平成12年度の入学者数を1としたときの推薦入学者・AO入試入学者の伸び率
　出典：「国公私立大学における入学者選抜実施状況の概要」（各年度）より作成

いことであるとか、その理念に共鳴した多くの大学が選抜方法の多様化に積極的に工夫して取り組んだかどうかといった問題とは無関係に、各大学のなり振り構わぬ学生獲得戦略を構造的に助長させてしまう「選抜期日」の設定を行った、あるいは、その規制を緩和したという、入学者選抜制度を設計する上でのテクニカルな問題であることを示す1つの証左なのかもしれない。

3節　「入学者選抜の多様化」の根拠とされたもの
——「統計の非常識」と「世間の常識」の不幸な結婚

　だが、そもそも、「入学者選抜の多様化」の流れの中で、推薦入学やAO入試で大前提となっている「総合的かつ多面的な評価」に基づいた選抜は、その導入が謳われた調査結果の再分析の結果、統計的に全く根拠がないことが知られている(木村2007a)。答申前文で、「明治初年と第二次世界大戦の激動期」に経験した「教育制度の根本的な改革」に続く、「第三の教育改革」と宣言した46答申における「13. 大学入学者選抜の改善の方向」は次の通りであった(中教審1971: 50)。

> (1)高等学校の学習成果を公正に表示する<u>調査書を選抜の基礎資料</u>とすること。
> (2)広域的な<u>共通テストを開発</u>し、高等学校間の評価水準の格差を補正するための方法として利用すること。
> (3)大学側が必要とする場合には、進学しようとする専門分野においてとくに重視される特定の能力のテストを行ない、または<u>論文テストや面接を行ってそれらの結果を総合的な判定の資料に加える</u>こと。

　この「改善の方向性」のうち、(2)の条項は、その後、技術的に不可能であることが確認され、なおかつ、試験自体の公平性を著しく欠くことになるとの政策判断から、その代替として共通第1次学力試験の導入につながったことが知られている(木村2008a)。が、ここで問題とするのは、それ以外の(1)の「調査書を重視」や、(3)の論文テストや面接などを含めた多数の選抜資料による「総合的な判定」をよしとした結論の方である。そして、この結論を導き出した実証研究 (の1つ。国立教育研究所の研究結果[14]が(1)のもう1つの根拠) とし

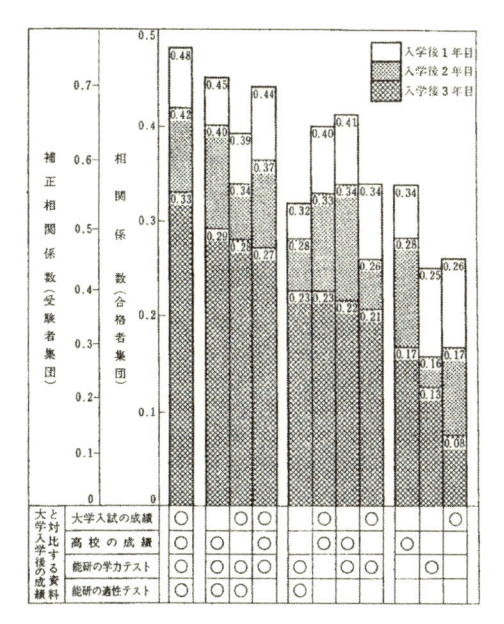

7章　格差を拡げる入試制度はどのように始まったのか？　137

図7-4　各種成績資料と入学後の学業成績との相関関係

注：1　財団法人能力開発研究所が国立大学18学部（対象学生は昭和39年入学者約1,260人）の協力をえて行った3年間の追跡調査の結果による。
　　2　この表には、各学部ごとの相関係数の分布の平均値を示す。（2以上の資料と対比する場合は、それらと大学入学後の成績との重相関係数を用いた。）
　　3　補正相関係数とは、入学競争率を考慮して合格者集団についての相関係数を受験者集団に引き直した場合の推定値である。
出典：中教審（1969：図Ⅱ・B-10）

て、『昭和43年度大学入学者選抜実施要項』に添付された小冊子「大学入学者選抜における各種判定資料の利用について」(1967)や46答申の中間報告書『わが国の教育発展の分析評価と今後の課題』(1969)で示された**図7-4**がある。その図8-4に付せられた解説は次の通りであった（中教審1969/1971: 171）。

(a)大学の入試成績、高等学校の学業成績、能研の学力テストなどの中で、単独使用の場合、大学入学後の学力の伸びをもっとも確からしく予測するのに役立つものは、高等学校の学業成績である。
(b)大学入学後の学力の伸びを予測するには、一回限りのテストではきわめてふじゅうぶんであり、上記のような各種の判定資料を総合的に用いることによっては

るかに確かな結果が得られる。

　この中間報告の(a)と(b)が、先の46答申の結論の(1)と(3)にそのまま対応していることが見て取れる。だが、少し立ち止まって、この中間報告の(a)(1)および(b)(3)の結果を精査してみたい。まず、(a)(1)の調査書選抜に関して言えば、そもそも、1965（昭和40）年2月1日の全国高等学校長協会『「後期中等教育の在り方」に関する意見書』や翌1966（昭和41）年1月24日の全国高等学校長協会全国理事会『大学進学制度改善に関する申し合わせ』などで相次いで表明されたように、大学入学者選抜における選抜率の高さに伴う難問奇問の続出から、調査書選抜を重視して欲しいといった、社会的要請という側面が強い改革気運の高まりであった。だが、46答申中間報告（1969（昭和44）年6月30日）と最終報告（1971（昭和46）年6月30日）のちょうど間の年にあたる1970（昭和45）年6月16日に、東京大学入学制度調査委員会は『入学試験の改善に関する答申』の添付書類『審議経過報告書』の中で、先の中央教育審議会の結論(a)(1)を真っ向から否定する見解を発表したのである（東京大学入試制度調査委員会 1970/1971: 36）。

> とくに、本学の場合、一部に伝えられる「入試の成績より高校の調査書成績の方が大学入学後の成績と相関度が高い」というデータはまだ十分に証明されるに至っておらず、また現在かりにこのようなデータが得られるとしても、「調査書重視」が実施される場合には事情が変化しないという保証はない。

　こうした東大の見解の背景には、大学入学者選抜の相関研究においては、選抜資料の性質云々の前に、統計的に必然とでもいうべき性質を考慮しなければならない、という入学者選抜研究者の「常識」が存在している。つまり、図7-5にあるように、そもそも、大学入学後の成績は、当たり前のことだが、入学者のものしか存在しない。このことから、選抜資料として合否の判定に用いられた入試成績と大学入学後の成績との相関係数は相対的に低く算出され、逆に、合否の判定に全く用いられなかった、例えば、調査書成績と大学入学後の成績との相関係数は相対的に高く算出される傾向のあることが知られており、このことは、「選抜効果」(selection effect) の問題と呼ばれている。

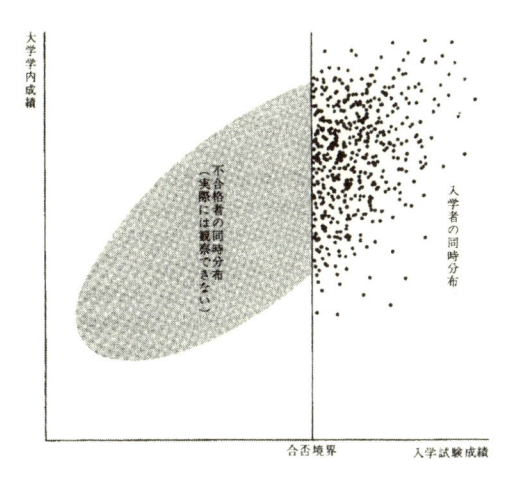

7章　格差を拡げる入試制度はどのように始まったのか？　139

[図：大学学内成績を縦軸、入学試験成績を横軸とし、合否境界の右側に入学者の同時分布、左側斜線部に不合格者の同時分布（実際には観察できない）を示した散布図]

図7-5　選抜効果の例

出典：芝・南風原（1990: 132）

　次に、(b)(3)については、図7-4のもととなった数値そのものが、ノーマルな重相関係数であって、その性質上、独立変数を増やせば増やすほど、もともとの独立変数と従属変数の偏相関係数がゼロであるなど特殊な場合でもない限り、正負どちらの相関であったとしても、重決定係数の値が限界値の1に近づくことは、統計上の「常識」として知られている。そこで、**表7-6**で再計算したように、そうした性質を考慮し、独立変数の変数選択の際にその多寡を調整する、自由度調整済み重相関係数でもって図7-4の結果を再計算したところ、中間報告(b)(3)と同種の結論を得ることができなかった。もちろん、先の「選抜効果」の影響のためか、直接には合否に用いられていない調査書と能研学力テストの単相関が高いことから、表7-6の自由度調整済み重相関係数の値をもとに、例えば、能研学力テストと調査書成績のみで選抜すべしといった結論を導き出すことは適切ではない。が、そもそも、図7-4において重相関係数の最大値が、右（全選抜資料）から左（2点ないしは3点の選抜資料）に極端に移動していることにより、複数の資料の組み合わせることが大学入学後の成績を最もよく予想するという結論が、先に述べた、重相関係数の統計的性質の現れにすぎず、これを、「大学入学後の学力の伸びを予測

表7-6 入学後成績を従属変数にしたときの各種成績資料の単相関係数・重相関係数・自由度調整済み相関係数

大学(学部)	N	単相関	単相関	単相関	単相関	単相関	重相関	重相関	単相関	重相関	単相関	重相関	単相関	重相関
A 大学 (理工)	91	.275**	-.012	-.073	.233*	.021	.305*	.275*	.233	.305*	.291	.326*	.291	.326
	38	.457**	.280	.189	.021	-.066	.477*	.459*	.069	.479*	.500*	.516*	.501*	.516
C 大学 (工)	41	.293**	.222	-.047	.137	.169	.301	.292	.191	.304	.402	.429	.421	.439
	34	-.093	-.138	-.153	-.159	-.108	.162	-.167	.218	.227	.184	.218	.213	.255
D 大学 (工)	139	.231**	-.022	.039	.303**	.315**	.317**	.373	.380	.396	.240*	.323**	.384**	.405**
	21	.195	.146	.090	.114	-.102	.198	.234	.140	.234	.221	.223	.136	.257
E 大学 (工)	67	.269**	.064	.017	.255*	.396**	.303*	.423**	.399**	.424**	.273	.320	.451**	.455**
	21	-.206	.027	.129	.277	.175	.411	.331	.299	.461	.304	.457	.364	.497
F 大学 (工)	53	.239	-.102	-.001	.119	.347*	.239	.364*	.351*	.374	.294	.297	.398	.403
	26	.384	-.023	.197	.298	.477*	.390	.520*	.480*	.520	.403	.444	.535	.535
G 大学 (工)	134	.153	-.022	-.073	.253**	.455**	.260*	.455**	.474**	.475**	.180	.283*	.456**	.476**
	38	.279	.026	.040	.080	.376**	.281	.396	.376	.400	.282	.285	.401	.404
J 大学 (工)	70	.372**	.111	.131	.217	.536**	.398*	.605**	.542**	.606**	.386*	.413*	.609**	.610**
	57	.093	-.028	-.217	.154	.543**	.154	.545**	.543**	.545**	.276	.308	.573**	.573**
J 大学 (教小)	65	.267**	.075	-.051	.087	.231	.271	.300	.233	.305	.293	.293	.333	.333
	43	.386**	.194	-.196	.352**	.428**	.445	.499**	.513**	.540**	.514**	.551**	.563**	.596**
K 大学 (経)	62	.336*	.215	.138	.267*	.490**	.384**	.573**	.453**	.581**	.361*	.402*	.583**	.587**
	39	.270	.109	.263	.304	.493**	.350	.502**	.522*	.321**	.382	.513*	.531	
							調整済	調整済	調整済	調整済	調整済	調整済	調整済	調整済
A 大学 (理工)	91						.269	.234	.181	.234	.230	.205	.254	.232
	38						.428	.407	—	.402	.429	.421	.400	.389
C 大学 (工)	41						.207	.193	—	.134	.306	.306	.293	.278
	34						—	—	—	—	—	—	—	—
D 大学 (工)	139						.295	.356	.363	.372	.191	.279	.349	.364
	21						—	—	—	—	—	—	—	—
E 大学 (工)	67						.252	.391	.365	.375	.175	.211	.390	.377
	21						.277	.103	—	.271	—	.105	—	—
F 大学 (工)	53						.139	.313	.297	.295	.175	.111	.297	.271
	26						.280	.455	.404	.413	.220	.210	.388	.328
G 大学 (工)	134						.231	.441	.461	.456	.293	.227	.428	.443
	38						.162	.330	.304	.100	—	—	.243	.180
J 大学 (工)	70						.382	.597	.532	.594	.360	.381	.593	.590
	57						—	.507	.505	.485	—	—	.497	.473
J 大学 (教小)	65						.209	.246	.154	.220	.202	.158	.227	.189
	43						.397	.460	.476	.487	.456	.480	.495	.518
K 大学 (経)	62						.344	.553	.422	.551	.292	.321	.542	.535
	39						.272	.459	.479	.458	.162	.213	.420	.416
能研学力							○	○		○	○	○	○	○
適性 I		○									○	○	○	○
適性 II			○								○	○	○	○
入学試験				○			○			○	○		○	○
調査書					○			○		○		○	○	○

注：** p<.01、* p<.05、但し、同一の大学・学部・高等学校において、上段は1964（昭和39）年度入学者、下段は、1965（昭和40）年度入学者単相関：単相関係数、重相関：重相関係数、調整済：自由度調整済み重相関係数
―― : Nが小さく、自由度調整済み重決定係数が負の値になるため、自由度調整済み重相関係数が算出不可能
数字：単相関係数、重相関係数、自由度調整済み重相関係数それぞれにおける、同一年度同大学同学部での最高値
出典：木村（2007a: 178）

するには、1回限りのテストではきわめてふじゅうぶん」であって、入試成績、調査書、能研学力テストのような「各種の判定資料を総合的に用いることによってはるかに確かな結果が得られる」と言うのは、明らかなデータの「誤読」であり、このこと自体「統計の非常識」といっても過言ではない。さ

らに、46答申の(3)では、「論文テストや面接を行ってそれらの結果を総合的な判定」となっているが、中間報告の(b)での「総合」すると言及された「各種判定資料」の中では、そもそも、「論文テスト」や「面接」が登場していない。また、先の図7-4の調査結果では、いっさい論文テストや面接の検討が行われていないにもかかわらず、46答申の(3)によって論文テストや面接などの成績指標にも言及されたことから、「手間暇をかけた選抜方法が最も有効」との通念／言説に一定の「科学的」正当性を与える結果となっていく。このデータの発表後には、図7-1から導き出された中間報告の結論(b)が、国会でも「科学的に言われておる」と取り上げられ(1969年の第61回衆議院予算委員会)、全国高等学校校長協会でもその結論を「科学的である」という理由でもって公に支持する声明が発表され、あるいは、「文部省は（中略）このような結果もあって多角的選抜という思想を断念しなかった」（黒羽2001: 134）と研究者に評価されるなど、その後の、臨教審路線からAO入試の導入に至るまでの政策路線を決定的に基礎づけてしまうのである。つまり、「より手間暇をかけた選抜の方がその人物をよりよく評価できる」といった「世間の常識」と、重相関係数の値が独立変数の数を増やせば増やすほど必然的に上がるにもかかわらず、そのまま結果解釈をしてしまったという「統計上の非常識」が不幸にも結び付いてしまった結果、「手間暇かけた選抜」こそが最善の入学者選抜であるといった通念となって一人歩きし、現在の「学力検査を免除する」大学入学者選抜の拡大に決定的に影響を与えてしまったのである[15]。

4節　結語──「入学者選抜の多様化」の帰結としての「入試科目の軽量化」

　総括すれば、推薦入学は、当初、共通第1次学力試験の前身である能研学力テストや進学適性検査の後継である能研適性テストの得点を入学基準（スタンダード）として取り扱うことを前提に、当時、大学側の学生収容力の小ささの関係で倍率が高く、難問奇問の出題が横行していた入学者選抜を改善する目的で導入された。だが、能研テストが失敗することでその試みは早々に頓挫し、能

研テストの後継として共通第1次学力試験が開始された際も、当初は、2次試験の学力検査のみを免除するのが「原則」で、1次までの免除は「例外」であった推薦入学の規定が、臨教審答申が謳った「受験競争緩和」や「入学者選抜の多様化」といったお題目のもと、1989 (平成元) 年度にその「原則」と「例外」が同等に並列されることとなり、2006 (平成18) 年度を最後にその並列規定そのものが削除されたことで、「学力検査を免除する」という規定がありながら、その実、高校の学習到達度を測る試験 (能研学力テストや共通第1次学力試験や大学入試センター試験) が課されることで始まった推薦入学のそもそもの「原則」が実施要項の中に明示されることはなくなった。また、臨教審路線を色濃く反映したAO入試も、11月以降といった「選抜期日」が定められている推薦入学に対して、複数回の面接など手間暇をかけた丁寧な選抜を行うためという名目で、「選抜期日」そのものの規定が明確でないことから、現在、急激に入学者数を増やしつつある。こうして、何の入学基準(スタンダード)も課さない形でその推薦入学者数やAO入試による入学者数の拡大を許容する構造が、実施要項の中で「規制緩和」されることで、入学者選抜制度の中に熟成されていったのが、日本の「学力検査を免除する」大学入学者選抜の実状と言えよう[16]。その結果、冒頭で示したように、現在の大学入学者選抜を巡る状況の背景には、一般入試での入学者の急激な減少とその裏返しとしての非・学力選抜の拡大状況が生じた。推薦入試開始から5年後の1972 (昭和47) 年度には一般入試と非・学力選抜 (推薦＋AO) の比率がおよそ9:1であったものが、AO入試開始の2000 (平成12) 年度以後に非・学力選抜の割合が急激に伸び始め、2007 (平成19) 年度にはおよそ6:4となるに至っている。

　だが、大学入学者選抜が、昨今、繰り返し言われるように、学生の「質」に関する選抜機能を十分にはたし得なくなるのかと言えば、図8-2で米国の各大学がここ20年間に入試戦略を厳格化した事実を見ると、その答えに否定的にならざるを得ないのもまた1つの実感となろう。中堅レベルの大学においては、入学基準(スタンダード)を厳格化することで大学のブランド力アップに成功した大学が生まれ、その成否が中堅大学の「勝ち組」「負け組」を決定づけた結果は、「大学全入時代」に選抜性が薄れるどころか局所的にますます激化し

ていく「未来予想図」を我々に提供してくれる。

　これらを踏まえ、本章で確認してきたことを振り返れば、政策的には、日本はこの「未来予想図」と真逆の方向に歩んできたと言える。推薦入学やAO入試にとどまらず、一般入試をめぐっても、臨教審答申以降、「受験競争緩和」「入学者選抜の多様化」のお題目のもとで「入試科目の削減」方針がつい最近まで実施要項に示されていたことはあまり知られていない。当初、共通第1次学力試験開始以後に適用された1979（昭和54）年度以降の実施要項において、「第10　国立大学の入学者選抜方法等」の「1　学力検査(3)ア」で2次試験科目を「必要最小限度とすることが望ましい」（文部省大学局長 1977: 12）とされ、国立大学が要求する共通第1次学力試験が5教科7科目であったのを、臨教審答申で「受験競争の緩和と受験生の負担軽減」を提言されたことを受けて、1985（昭和60）年6月20日の国立大学協会提言「国立大学入学者選抜方法の改革について」（国立大学協会 1985）が出され、1987（昭和62）年度以降の入学者選抜で国立大学が要求する共通第1次学力試験が、それまでの社会と理科から2科目ずつの5教科7科目から、社会と理科から1科目ずつの5教科5科目へと科目数が削減された。2次試験についても同様に、翌1987（昭和62）年6月29日に出された1988（昭和63）年度の実施要項の留意事項で「削減に引き続き努力すること」（文部省高等教育局大学課 1987: 14）、実施要項の本文で「負担を軽減する方向で適切な見直しを不断に行うよう配慮すること」（文部省高等教育局大学課 1987: 15）とされた[17]。また、1999（平成11）年の中教審答申でアドミッション・ポリシーの明示が高らかに謳われたが、大学入学者選抜において、大学側主体の「選抜」から学生側主体の「選択」への変化を強調したがために、新学力観的な情意概念（意欲・関心・態度）に焦点化された抽象的なアドミッション・ポリシーが今現在も乱立している状態が続いている。その意図は、学生の主体的選択による、大学と学生の「よりよいマッチング」であったが、大学側にその測定・評価方法の開発が丸投げされた結果、暗中模索の末、肝心の基礎学力が疎かにされた。卒業後の大学院での研究や社会人生活まで含めれば、意欲・関心・態度「だけ」を持った学生の「ミスマッチング」が少なからず生じ、学生が挫折する経験もわりと多く起こっている

のが実状である。勿論、入学試験を厳格化して定員を満たさない選抜を行うことは、私学セクターが大半を占める日本では現実的には考え難い。であれば、入学基準(スタンダード)の厳格化とセットで「入学後も継承され、繰り返し挑戦可能なアドミッション・ポリシー」という選択が現実的になってくる。ポイントは、大学教育を受けるのに必要と設定された入学基準(スタンダード)を満たさずにすり抜けてきた入学者をどう卒業させるかになろう。具体的には、入学試験以降の何段階ものチェック機能の充実、つまり、段階的な入学試験、進級試験、卒業試験の整備が必要となる。それはおのずと入学要件、進級要件、卒業要件の設定へとつながる。これらの設定のためには、先の測定・評価方法の開発で暗中模索した「情意概念一辺倒のアドミッション・ポリシー」の失敗をふまえ、卒業試験で要求される能力に対応して、初歩的・基礎的で、かつ、試験可能な内容を測る、入学・進級試験が必要とされる。こうしたチェック機能の体系化は、ディプロマ・ポリシーから演繹的にカリキュラム・ポリシーとアドミッション・ポリシーが、順次、設定される構造となるが、大学教育のスタートとなる具体的で試験可能なアドミッション・ポリシーの「質」が大学教育のゴールである卒業の「成果」を左右することは間違いない(木村2008b)[18]。

畢竟するに、聞こえのよい「総合的かつ多面的な評価」に基づいた入学者選抜を推奨することで実施された「入学者選抜の多様化」は、その実、「入試科目の軽量化」にしかつながらなかった。しかも、3節で示したように、その根拠とされていた「総合的かつ多面的な評価」には、そもそも科学的根拠が当初から存在しなかったのである。大学全入時代や学士課程教育の再構築といったキーワードに目を奪われがちであるが、臨教審答申に始まる「ゆとり教育」路線が全く軌道修正されることのないままなのは、実は、大学入学者選抜の場面においてである。1974(昭和49)年時点ですでに進学率90%を超えた高校入試でさえ入学者選抜は今現在も無くなっていない。「選抜が消滅する」と考えるのであれば、それには時期尚早であり、テクニカルな部分で制度的に手を付けなければならない箇所が、我々にはまだたくさん残されているはずである。

注

1 この数字に、大学・短大合わせて、外国の学校卒（1万3,000人）、専修学校高等課程卒（約400人）、検定等（5,000人）、および、4浪以上の高等学校からの入学者（大部分が社会人入学者と考えられる）（6,000人）の入学者を足すと、2006（平成18）年度の大学・短期大学の入学者総数、69万3,000人となる。

2 これまで入学者選抜について積極的に論じた答申は、1954（昭和29）年1月18日の第6回中教審答申「大学入学者選考およびこれに関連する事項についての答申」に始まり、1971（昭和46）年の中教審答申「今後における学校教育の総合的な拡充整備のための基本的施策について」、臨時教育審議会答申、1991（平成3）年4月19日の中教審答申「新しい時代に対応する教育の諸制度の改革について」、1993（平成5）年9月16日の大学審報告「大学入試の改善に関する審議のまとめ」、1997（平成9）年6月の中教審答申「21世紀を展望した我が国の教育の在り方について」、1999（平成11）年12月16日の中教審答申「初等中等教育と高等教育との接続の改善について」、2000（平成12）年11月22日の大学審答申「大学入試の改善について」など繰り返し出された。

3 4度の高等教育計画とは、1976（昭和51）年3月と1979（昭和54）年12月の「高等教育の計画的整備について―昭和50年代計画」（対象：昭和51〜55年度、昭和56〜61年度）、1984（昭和59）年6月の「昭和61年度以降の高等教育の計画的整備について―昭和60年代計画」（対象：昭和61〜平成4年度）、1991（平成3）年5月の「平成5年度以降の高等教育の計画的整備について」（対象：平成5〜12年度）、1997（平成9）年1月の「平成12年度以降の高等教育の将来構想について」（対象：平成12〜16年度）を指す。

4 ただし、医師、歯科医師、獣医師、教員、船舶職員の5分野を除く。

5 2006（平成18）年度の実績では、国立大学の定員が約9万6,000人で推薦入学者とAO入試による入学者がそのうち1万4,000人（約14％）しか占めていない。

6 マーチン・トロウの定義によれば、当該年齢人口のうち、大学在学率が、15％までをエリート段階、15％以上〜50％までをマス段階、50％以上をユニバーサル段階と呼ぶ。

7 AO入試の入学者数は、2000（平成12）年度より調査が始まったので、それ以前の実数は反映されていない。

8 全て統計的に有意である。

9 「開放入学」・「資格選抜」・「競争選抜」は、それぞれ、Open-door Admission, Selective Admission, Competitive Admissions に対応する言葉である。この調査では、「1. 学歴を問われることなく希望すれば入学許可を与える」「2. 高等学校を卒業するか、同等の能力を証明できる者であれば、誰でも入学許可を与える」を選択した大学を「開放入学」とし、「3. あるレベルの学業成績に達した者、あるいは、高等学

校卒業以上の学力であることが証明されれば、その大半に入学許可を与える」を選択した大学を「資格選抜」、「4. とある特別な学業成績水準に達した者や高校を単に卒業できるだけではなく、何か他に特別な資質を持った者のうち、選ばれた者だけが入学を許可される」を選択した大学を「競争選抜」として分類している。

10　その次に多いのが、美術・音楽などの芸術系大学（23校 ; 13.3％）である。

11　当初、能研テストの結果を用いることで、「高等学校間の学校差を解消し調査書を補正して活用することが可能であり、またこの前年度の入学者のこのテストの結果を調査することにより、入学許可し得る学力水準を推測することが可能である」（文部省大学学術局大学課 1967: 30）と謳われ、実際に、当時、能研テストの成績記載欄が調査書様式の中に設けられていた。能研テストの失敗後、この議論は共通1次導入時にも再登場するが、検討の上、棄却されている。詳細な経過は、木村 (2008a) を参照のこと。

12　この他、共通第1次学力試験の実施に伴い、2次試験が登場したことで、推薦入学の判定結果の発表期限がこれまでの2月20日から5日遅い2月25日（学力検査の全部を免除する場合は1月31日まで）となり（文部省大学局長 1977: 8）、その後の改正でさらに1日後の2月26日（学力検査の全部を免除する場合には2月8日まで）となった（文部省大学局長 1978: 74-75）。さらに、1987（昭和62）年度の実施要項からは、「判定結果の発表は、2月21日（学力検査の全部を免除する場合は2月7日）までに行うものとし、入学手続の締切期限は、2月27日までとする」（文部省高等教育局大学課 1986: 61）とされ、入学手続きの期限が定められた。

13　結局、「第5 学力検査等」の「2 大学入試センター試験の利用」の項の(3)において、「各大学は、アドミッションオフィス入試、推薦に基づく選抜において大学入試センター試験を利用することができる」（文部省高等教育局長 2005: 3）といった、あまり積極的ではない規定に収まることとなった。

14　1963（昭和38）年に出された、国立教育研究所『大学入学試験の研究 (II) ―高校学業成績及び大学入学試験と大学在学中の学業成績との関係』を指す。

15　もちろん、このデータを算出した㈶能力開発研究所の測定家たちは、図7-1の図化と結論に同意していたわけではなく（鮫島 2008）、重相関係数の性質に対してきちんと言及を行っている。また、東京大学入試制度委員会ではこの結論が真っ先に否定され、その後、国立大学協会第二常置委員会では、東大の1次試験を範とした共通1次構想が測定家を交えて検討されていった経緯があるし、入研協設立時 (1981) に共同プロジェクトに選ばれたのは、選抜効果の修正公式の啓蒙が行われた肥田野科研『高校調査書・共通1次学力試験・2次試験・入学後の成績間の相関分析の方法論的研究』(1981-3) であった

16　国立大学協会が2000（平成12）年11月5日に出した『国立大学の入試改革―大学入試の大衆化を超えて』という報告書の中で、「推薦入学（あるいは AO 入試）

に関しても、大学教育には、その前提となる基礎学力が不可欠であり、また元来、個性というものは基礎学力のうえに展開するものでもある。したがって、一般選抜と同様、推薦入学やAO入試においても、必要要件たる基礎知識を問うためにセンター試験が利用されることがあってよい。勿論、大学によってはこれらの特別選抜にはセンター試験を課さない立場をとることもある。そのような場合であっても、学力の下限設定を出願要件として提示したり、選抜プロセスの中で基礎学力評価の要素を組み入れるなどの創意工夫が必要であろう。」(国立大学協会 2000: 18-19)。こうした状況への対案としては、「合計得点」の歴史的意義づけに関して再検討を行った木村 (2007b) を参照されたい。

17　結局、2000 (平成12) 年度からは、「各大学の判断により適切に設定するものとする」程度の表現に落ち着き、2001 (平成13) 年11月の国立大学協会の提言を受けて、2004 (平成16) 年度より再び、国立大学センター試験原則5教科7科目受験が始まり現在に至っている。2004 (平成16) 年3月24日の参議院文教委員会では、元文部大臣の有馬朗人参議院議員によって、大学入試の科目数の削減の経緯が問い質されたりもしている。1999 (平成11) 年度の実施要項を最後にこの項目が削除されるまで、この「入試科目の削減・負担の軽減」が記載されていた期間は、臨時教育審議会の最終答申の日の1987 (昭和62) 年8月7日から大学生の学力低下を初めて問題提起した『分数ができない大学生』(岡部・戸瀬・西村 1999) の刊行時期 (1999 (平成11) 年6月17日) と見事なまでに一致している。

18　この意味で、測定論 (テスト理論) に造詣が深く、かつ、政策・制度論にも精通した専門教員をアドミッションセンターにきちんと配置できるか否かが、今後、各大学の命運を握ると言っても過言ではない。

文献

Breland, H., Maxey, J., Gernand, R., Cumming, T. and Trapani, C., 2002. *Trends in college admission 2000: A report of a survey of undergraduate admis-sion policies, practices and procedures.* (ACT, AIR, College Board, ETS, NACAC).

Milewski, G. B. and Camara, W. J., 2002, "College and University that Do Not Require SAT or ACT Scores", The College Board Office of Research and Development (ed.), *Research Notes*, RN-18.

The National Center for Fair and Open Testing, 2007, *Test Optional List Tops 735*, Available to: http://www.fairtest.org/test-optional-list-tops-735 (最終閲覧日2010年2月1日).

荒井克弘, 2004, 「学生サービスとの関わり方─アドミッション・システムについて」山本眞一編『SDが育てる大学経営人材』文葉社, pp.294-321.

池田輝政, 1982, 「推薦入学者及び一般入学者の間にみる高等学校の教科・科目の学習達成度ならびに学習達成の保持度の差異に関する事例研究」『大学入試セン

ター研究紀要』3号，pp.1-16.
岡部恒治・戸瀬信之・西村和雄，1999，『分数ができない大学生』東洋経済新報社．
苅谷剛彦，2000，『IDE 現代の高等教育』416（2000年3月）号，pp.45-49.
木野内俊典，2004，「推薦方式の現状と課題」『IDE 現代の高等教育』457（2004年2月）号，pp.28-32.
木村拓也，2007a，「大学入学者選抜と『総合的かつ多面的な評価』─46答申で示された科学的根拠の再検討」『教育社会学研究』80集，pp.165-184.
───，2007b，「『合計得点』を巡るポリティクス─戦後日本人は『合計得点』に如何なる意味を込めてきたのか」『日本教育社会学会第59回大会発表要旨集録』，pp.323-324.
───，2008a，「共通第1次試験・センター試験の制度的妥当性の問題─戦後大学入学者選抜制度史の視点から」(独)日本学術振興会人文・社会科学振興のためのプロジェクト，研究領域 I-2 日本の教育システム研究グループ（研究代表者：苅谷剛彦），『平成19年度国内セミナー米国流測定文化の日本的受容の問題（報告書）』，pp.85-96.
───，2008b，「アドミッション・ポリシーの『質』が大学教育の成果を左右する」進研アド『Between』2008年春号，11.
黒羽亮一，1992，「推薦入学の光と影」『IDE 現代の高等教育』338（1992年9月）号，pp.47-52.
───，2001，『新版戦後大学政策の展開』玉川大学出版会．
国立大学協会，1985，『国立大学入学者選抜方法の改革について』Available to:http://www.kokudaikyo.gr.jp/examination/pdf/kankou/s600620.pdf（最終閲覧日2010年2月1日）．
───，2000，『国立大学の入試改革─大学入試の大衆化を超えて』Available to: http://www.kokudaikyo.gr.jp/examination/pdf/kankou/h121115.pdf（最終閲覧日2010年2月1日）．
国立大学協会入試委員会，2006,『国立大学の入学者選抜についての平成20年(2008)度実施細目』Available to: http://www.kokudaikyo.gr.jp/examination/pdf/h20a 02.pdf（最終閲覧日2010年2月1日）．
佐々木亨，1990a，「推薦入学の増大と多様化」『大学進学研究』68号，pp.56-61.
───，1990b，「推薦入学の公認」『大学進学研究』69号，pp.72-75.
鮫島史子，2008，「能力研究開発所の思い出」(独)日本学術振興会人文・社会科学振興のためのプロジェクト，研究領域 I-2 日本の教育システム研究グループ（研究代表者：苅谷剛彦），『心理・教育測定家が見た戦後日本─トップランナーの回顧録』，pp.27-34.
芝祐順・南風原朝和，1990，『行動科学のための統計解析法』東京大学出版会．

総合規制改革会議, 2001,『規制改革の推進に関する第1次答申』. Available to: http://www8.cao.go.jp/kisei/siryo/011211/ (最終閲覧日2010年2月1日).
大学入試センター所長, 1977,「昭和54年度大学入学者選抜に係る共通第1次学力試験の実施について (通知)」『大学資料』64/65合併号, pp.15-18.
大学審議会, 1993,「大学入試の改善に関する審議のまとめ (報告)」『大学審議会全28答申・報告―大学審議会14年間の活動の軌跡と大学改革』ぎょうせい, pp.399-417.
―――, 2000,『大学入試の改善について (答申)』Available to: http://www.mext.go.jp/b menu/shingi/12/daigaku/toushin/001102.htm (最終閲覧日2010年2月1日).
中央教育審議会, 1954/1981,「大学入学者選抜およびこれに関連する事項についての答申」教育事情研究会編『中央教育審議会答申総覧』ぎょうせい, pp.23-26.
―――, 1963,『大学教育の改善について (答申)』Available to: http://www.mext.go.jp/b menu/shingi/12/chuuou/toushin/630101.htm (最終閲覧日2010年2月1日).
―――, 1969/1971,「我が国の教育発展の分析評価と今後の課題」『今後における学校教育の総合的な拡充整備のための基本的施策について』大蔵省印刷局, pp.77-552.
―――, 1971,『今後における学校教育の総合的な拡充整備のための基本的施策について』大蔵省印刷局, pp.11-76.
―――, 1991,『新しい時代に対応する教育の諸制度の改革について (答申)』Available to: http://www.mext.go.jp/b menu/shingi/12/chuuou/toushin/910401.htm (最終閲覧日2010年2月1日).
―――, 1997,『21世紀を展望した我が国の教育の在り方について (第2次答申)』Available to: http://www.mext.go.jp/b menu/shingi/12/chuuou/toushin/970606.htm (最終閲覧日2010年2月1日).
―――, 1999,『初等中等教育と高等教育の接続の改善について (答申)』Available to: http://www.mext.go.jp/b menu/shingi/12/chuuou/toushin/991201.htm (最終閲覧日2010年2月1日).
―――, 2002,『大学の質の保証に係る新たなシステムの構築について』Available to: http://www.mext.go.jp/b menu/shingi/chukyo/chukyo0/toushin/020801.htm (最終閲覧日2010年2月1日).
―――, 2005,『我が国の高等教育の将来像 (答申)』Available to: http://www.mext.go.jp/b menu/shingi/chukyo/chukyo0/toushin/05013101.htm (最終閲覧日2010年2月1日).
東京大学入試制度調査委員会, 1970/1971,「審議経過報告書」『大学問題総資料集IV―入試制度及び教育・研究』有信堂, pp.30-40.
中島直忠, 1982,「大学入学試験における推薦入学者及び一般入学者に関する事例

研究」『大学入試センター研究紀要』2号, pp.1-27.
―――, 1983,「推薦入学の現状と問題点」『大学入試フォーラム』1号, pp.63-77.
中村高康, 1996,「推薦入学制度の公認とマス選抜の成立―公平信仰社会における大学入試多様化の位置づけをめぐって」『教育社会学研究』59集, pp.145-165.
―――, 1997,「大衆化時代における入学者選抜に関する実証的研究―選抜方法多様化の社会学的分析」『東京大学教育学研究科紀要』37巻, pp.77-89.
―――, 2000,「推薦入学の現状―「推薦入試」化と大学の構造変容」『IDE 現代の高等教育』416（2000年3月）号, pp.40-44.
日本私立学校振興・共済事業団私学経営相談センター, 2007,『平成19年度私立大学・短期大学等入学志願動向』. Available to: http://www.shigaku.go.jp/shigandoukou19.pdf（最終閲覧日2010年2月1日）.
肥田野直編, 1984,『高校調査書・共通1次学力試験・2次試験・入学後の成績間の相関分析の方法論的研究』昭和58年度科学研究費補助金（総合研究(A)）研究成果報告.
文部省大学学術局, 1965,「昭和41年度大学入学者実施要項(抄)」『文部時報』1054（昭和40年6月）号, pp.80-86.
―――, 1966,「昭和42年度大学入学者実施要項」『文部時報』1066（昭和41年6月）号, pp.49-60.
文部省大学学術局大学課, 1960,「昭和35年度大学入学者選抜実施要項趣旨徹底協議会」『大学資料』15号, pp.33-35.
―――, 1965,「昭和42年度大学入学者選抜について」『大学資料』20号, pp.35-37.
―――, 1967,「昭和43年度大学入学者選抜実施要項について」『大学資料』24号, pp.30-39.
―――, 1970,「昭和45年度大学入学者選抜について」『大学資料』35号, pp.40-51.
文部省大学学術局長, 1971,「昭和47年度大学入学者選抜実施要項について」『大学資料』40/41合併号, pp.105-118.
文部省大学局, 1977,「昭和54年度国・公立大学入学者選抜方法等の概要」『大学資料』64/65合併号, pp.19-31.
文部省大学局長, 1977,「昭和54年度以降における大学入学者選抜実施要項について（通知）」『大学資料』64/65合併号, pp.7-15.
―――, 1978,「昭和54年度以降における大学入学者選抜実施要項の一部改正について（通知）」『大学資料』66号, pp.74-76.
文部省大臣官房調査課, 1967,「大学入学者選抜における各種判定資料の利用について」『大学資料』24号, pp.40-44.
文部省高等教育局大学課, 1986,「昭和62年度の大学入学者選抜実施要項について(通知)」『大学資料』99号, pp.58-64.

―――, 1987,「昭和63年度の大学入学者選抜実施要項について(通知)」『大学資料』102号, pp.13-17.
―――, 1989,「平成元年度の大学入学者実施要項について（通知）」『大学資料』110号, pp.31-54.
文部省高等教育局企画課, 1993,「大学審議会『大学入試の改善に関する審議のまとめ（報告）について』」『大学資料』121/122合併号, pp.1-28.
文部省高等教育局長, 1994,『平成7年度大学入学者選抜実施要項について（通知）』pp.1-18.
―――, 1999,「平成12年度大学入学者選抜実施要項について(通知)」『大学資料』146号, pp.1-34.
―――, 2001,「平成14年度大学入学者選抜実施要項について(通知)」『大学資料』152号, pp.30-65.
文部科学省高等教育局長, 2005,『平成18年度大学入学者選抜実施要項について(通知)』, pp.1-19.
文部科学省, 2006,『学校基本調査報告書（高等教育機関編平成18年度）』Available to: http://www.e-stat.go.jp/SG1/estat/NewList.do?tid=000001011528（最終閲覧日2010年2月1日）.
―――, 2007,『文部科学統計要覧平成19年版』国立印刷局. Available to: http://www.mext.go.jp/b menu/toukei/002/002b/mokuji19.htm（最終閲覧日2010年2月1日）.
臨時教育審議会, 1988,『教育改革に対する答申―臨時養育審議会答申第1次～第4次（最終）答申』大蔵省印刷局.

8章　大学入学者選抜における公平性・公正性の再考
──受験当事者の心理的側面から

西郡　大

1節　はじめに

　「受験生」「受験勉強」といわれるように「受験」という言葉は、わが国では極めて一般的な言葉である。おおよそ、大学や高校の入学試験を受けることを「受験する」と言うことが多い。竹内(1991)によれば、明治40年頃に頻繁に使用されはじめ、大正時代に入ると旧制高校入試をはじめとする受験競争の激化が社会問題となり、「試験地獄」という言葉が生まれたとされる。「試験地獄」とも称されるような受験競争の激化は、戦後における大学入学者選抜(以下、「大学入試」と略記)においても縮小することはなく、むしろ、大学進学者の量的な拡大に伴い受験競争は過熱傾向にあると認識されてきた[1]。その結果、わが国の入試制度は、「受験競争の激化がゆとりを奪っているとか、本当の教育をさまたげているとか、詰めこみ教育や偏差値による輪切り選抜が個性や創造性の伸張をさまたげているというように、当為問題として論じられ、対策が講じられてきた」(藤田　1997)側面を持つ。

　こうした様々な問題を内包している入試制度は、幾度となく改革がなされ、「猫の目」改革とも揶揄された歴史を持つ(竹内　1999)。例えば、受験競争が激化した大正時代の15年間においては4回の入試改革が行われた。さらに、戦後の共通試験制度だけをみても、進学適性検査(1949～1954)、能研テスト(1963～1968)、共通一次試験(1979～1989)、そして、大学入試センター試験(1990～)と改革が繰り返されてきたのである。明治以降の入学者選抜制度史を回顧した中央教育審議会(以下、中教審)答申(1971)〈通称：46答申〉の中間報告では、

こうした入試改革の変遷について、「入学選抜方法については、……一定の発展の方向ではなく、常に『公平性の確保』『適切な能力の判定』『下級学校への悪影響の排除』という原則のいずれに重きを置くべきかという試行錯誤の繰り返しであったということができる」と報告されており、木村・倉元(2006a)は、上記原則について、「日本の大学入学者選抜文化」をエッセンスとして持つ「日本型大学入学者選抜制度の三原則 (以下、「日本型三原則」と略記)」[2]と名づけた。本章では、同三原則の1つである「公平性の確保」に注目する。

わが国では、明治以降、入学試験が「立身出世」のための通過点の役目を果たしてきた歴史を持ち (天野 1986)、受験者の人生を左右しかねない「ハイステークス」な選抜であると認識されてきた。それは「立身出世」というイメージこそ薄れた現代においても、大卒という資格が将来のキャリア形成に少なからず影響していることを、人々が経験的に知っていることからも分かるだろう。そのため、公平かつ公正な手続きは、選抜システム自体の正当化を示す根拠となってきた。実際、多くの受験者は、合否の結果に対して納得するための根拠の1つとしてきたことが考えられる。また、公平かつ公正な手続きに対する関心は、受験当事者のみに限定されたものではない。例年、入試シーズンに出題ミスや合否判定ミスなどの「入試ミス」がマスコミによって報道されることを鑑みれば、選抜手続きにおける公正性、厳格性に対する世間からの関心は十分に高いものだと言える。

一方、近年のわが国における高等教育への進学率は50％を超え、「ユニバーサル段階」(Trow 1976)へ突入した。同段階では、進学者の多様化に応じて選抜方法も多様化するとされる。また、文部科学省(以下、「文科省」と略記)によって「選抜方法の多様化、評価尺度の多元化」政策が推進されてきた。その結果、各大学で実施される入試では、学力検査を主とする一般入試に加え、推薦入試、AO入試、帰国子女入試、社会人入試などの多様な選抜区分が並ぶ。さらに、小論文、面接試験等を筆頭に、学力検査によらない多様な評価方法が考案されているのが実情である。こうした実情をふまえたとき、公平性・公正性の確保に関して1つの矛盾点が見えてくる。大学入試の多様化は、同一学部および同一学科に入学するために、種別の異なる複数の選抜方法が並存

していることを意味しており、入学者全員が同一時点での同一方法によって必ずしも選抜されたわけではないことを示している。仮に、同じ条件下にある全ての人々を同一に処遇する「同一条件、同一処遇」(Sidgwick 1907)という原理を「公平」な手段として考えるならば、複数の異なる選抜方法が並存する多様化した大学入試制度の下では、「公平」な手続きによる選抜を実施するのは現実的に不可能なのである。本章では、こうした問題点をふまえ、大学入試をめぐる「公平(性)・公正(性)」というテーマについてアプローチする。

まず、これまでの大学入試における公平・公正に関する議論に注目したとき、そのアプローチは大きく3つに分けられる(林・倉元 2003)。

1つ目は、社会学的視点からのアプローチである。特に教育社会学の分野で議論されてきたものであり、学力検査が公平とされた社会通念(大学審議会, 2000)の下で、推薦入試などの学力検査以外の選抜方法がいかに普及していったのかを検討したもの(中村 1996)や選抜手続きをめぐる受験当事者の公正観の形成について検討したもの(村山 2000)などが挙げられる。しかし、このように大学入試の公平性に関して直接的に議論したものは多いとは言えず、むしろ、社会システムにおける選抜制度という枠組みから、「結果の平等」や「機会の平等」に関する議論が中心に行われてきた(例えば、日本教育社会学会 1983；日本教育社会学会 1987)。

2つ目は、統計技術の観点よりテストの信頼性や妥当性などを議論してきた、いわゆるテスト理論(Test Theory)からのアプローチである。具体的には、複数の教科および科目間における難易度差によって生じる不公平をできるだけ少なくするような得点調整に関する試み(村上 1998)などが挙げられる。

3つ目は、個人個人が感じる「公平さ」「公正さ」、つまり、当事者の公平性・公正性認知やその心理的メカニズムからアプローチするものである。こうした個人個人の「公平さ」「公正さ」に関する知覚から帰納的に導き出されるアプローチは、「主観的公正研究」(Tyler, et al. 1997)と呼ばれ、特に、人々の判断や認知を実証的に明らかにする社会心理学の枠組みの中で議論されてきた(林 2007)。しかしながら、大学入試に関する場面において「主観的公正研究」に該当するような研究は管見の限り数える程度であり(林・倉元 2003；中

畝・内田・荘島 2006)、十分な議論がなされてきたとは言えない。さらに、戦後の公平性に関する議論が実態よりも感覚としての「平等感・不平等感」への傾倒だったという苅谷 (1995) の総括をふまえれば、当事者が抱く公平感および公正感は、大学入試をめぐる公平性・公正性を議論する上で不可欠な視点となることが考えられる。特に、「同一条件、同一処遇」という原理が、大学入試において「公平」な手続きだとするならば、それが成り立たない多様化した制度下で実施され続けている選抜手続きに対する受験当事者の受け止め方を検討することは、その公平性・公正性を議論する上で有効な視点を得られる可能性を持つ。

したがって、本研究では、3つ目のアプローチから、社会心理学における公正研究（以降、「社会心理学的公正研究」と呼ぶ）において蓄積されてきた理論や概念の枠組みを援用し、現在の大学入試をめぐる「公平性」および「公正性」について再考することを目的とする。

2節　大学入試の「公平性」および「公正性」に対する受験者の認識

筆者は、2008年3月に「高校生の大学入試に関する受け止め方の調査」という名目で、東北、東海地方における3つの高校の3年生を対象に調査を行った。3校とも大学へ卒業生を多く送り出す、いわゆる「進学校」の生徒である[3]。調査の条件として、国公立大学入試の前期日程終了後、合格発表前という期間内を指定したため、国公立大学を志望する生徒の全員が合否結果の分からない状況で回答をしたことになる[4]。結果として、全回答960件のうち917件の有効回答が得られた。性別では、男子が546 (59.5%)件、女子が371 (40.5%)件であり、文理別では、文系クラスが387 (42.2%)件、理系クラス（理数科を含む）が530 (57.8%)件であった。これらの回答から現在の大学入試における「公平性」および「公正性」について尋ねた質問項目に対する回答（「そう思う」「少しそう思う」「どちらとも言えない」「あまりそう思わない」「そう思わない」）の内訳を図8-1～8-4に示した。

図8-1と図8-2は、「(選抜手続きに関して) 同じ学部・学科に一般入試や推薦入学など異なる選抜方法が混在するのは不公平だ」「(選抜手続きに関して) 同じ学部・学科の入試なら、全員が同じ科目を受験する方が公平だと思う」という質問項目に対する回答であり、同一学部および同一学科に入学するために種別の異なる複数の選抜方法が並存していることに対する公平性の認識を示したものである。図8-1では、異なる選抜方法が混在することを不公平

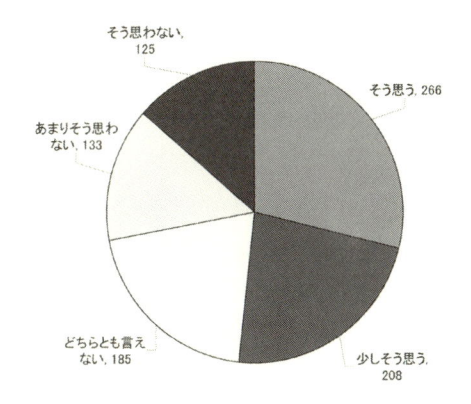

図8-1 (選抜手続きに関して) 同じ学部・学科に一般入試や推薦入学など異なる選抜方法が混在するのは不公平だ

そう思う, 266
少しそう思う, 208
どちらとも言えない, 185
あまりそう思わない, 133
そう思わない, 125

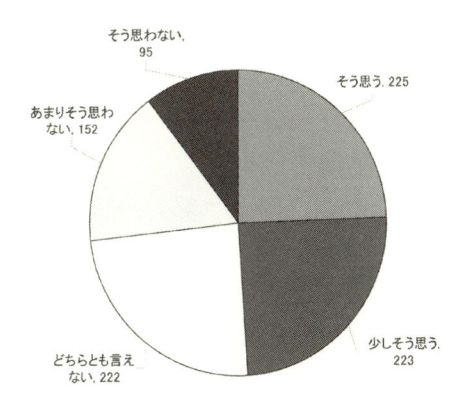

図8-2 (選抜手続きに関して) 同じ学部・学科の入試なら、全員が同じ科目を受験する方が公平だと思う

そう思う, 225
少しそう思う, 223
どちらとも言えない, 222
あまりそう思わない, 152
そう思わない, 95

であると感じる回答者が52％を占め（「そう思う」「少しそう思う」の回答者）、図6-2でも、全員が同じ科目を受験する方が公平だと考える回答者が49％を占めることから、およそ半数の回答者が「同一条件、同一処遇」の手続きを「公平」な手続きだと考えている傾向がみられる。

一方、「(現在の大学入試制度について)公平性が確保された試験制度だと思う」（**図8-3**）という質問項目では、公平性が確保された試験制度と思う回答者が47％（「そう思う」「少しそう思う」の回答者）を占め、約半数の回答者が現

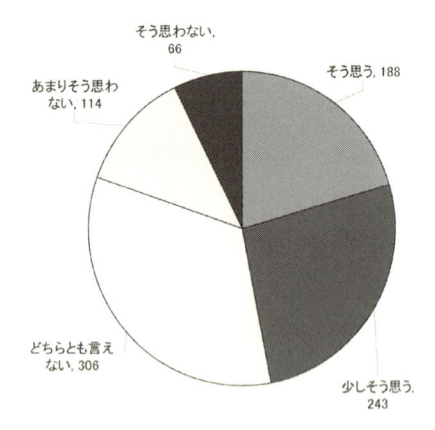

図8-3　（現在の大学入試制度について）公平性が確保された試験制度だと思う

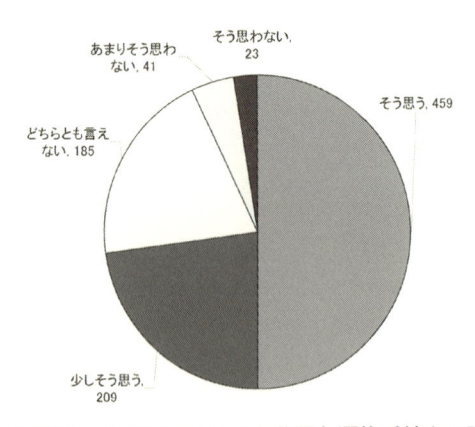

図8-4　（自身が経験した大学入試について）公正な選抜手続きで試験が行われたと思う

在の大学入試に関して公平性が確保された制度だと感じている傾向がみられるものの、「どちらとも言えない」が33％と比較的多く、回答者にとって当該項目に対する判断が難しい様子がうかがえる。

ところが、「(自身が経験した大学入試について)公正な選抜手続きで試験が行われたと思う」(**図8-4**)という質問項目に対しては、公正な選抜手続きで試験が行われたと感じる回答者が73％(「そう思う」「少しそう思う」の回答者)を占める。これは多様な選抜方法が並存する入試制度に対しては、一定の不満を抱えているものの、自分が経験した選抜手続きに関しては、「公正」な手続きによって入試が実施されたと認識していることを示している。

以上のことから、実際に大学入試を受験した当事者にとって、その公平性・公正性に対する認識は非常に複雑であることが読み取れる。もちろん、個人個人が持つ価値観や経験といった要因が影響していることが考えられるが、これらの要因を個別に考慮することは現実的には難しい。したがって、「公平さ」「公正さ」という概念そのものを社会心理学的公正研究から問い直すことで、彼らが認識する「公平さ」および「公正さ」の心理的メカニズムを検討するための視点を整理する。

3節　社会心理学的公正研究からみる「公平性」・「公正性」

1　「公平さ」と「公正さ」について

公平や公正に対する人々の関心が高まる状況とはいかなるときであろうか。一般的な分配場面を想定した場合、分配するものの希少価値が高い場合には、分配の方法やその過程に注目が集まるし、反対に、誰もが持っているものや自分に必要ないものなどが分配の対象となる場合には人々は関心を抱かないことが考えられる。大渕 (2004) によれば、「全く他人への影響が無い個人的行為や個人的決定に対しては公正や公平に関心が集まらないものの、ある人の決定や行為が他人に対して影響を与えるような社会的行為が介在するときには公正や公平に対して関心が集まる」とされる。つまり、ある条件や要因が満たされた場合に限り、公平や公正に対する人々の関心が高められ

るのである。

　では、「公平」および「公正」とは何を意味するのであろうか。大渕(2004)は、「公平はある分配状態の妥当性、ある決定の実質的適切さを表すのに対して、公正は、分配や決定の過程や手続きの正当さを強調する概念である」といちおうの区別はしているものの、結局のところ、「公正・公平とは、関係者の処遇がその権利・資格、つまり適格性に照らして妥当であるかどうかを評価する基準である」としている。つまり、「公平」「公正」とは、上司や意思決定者などから施された処遇や分配が、自分が持っていると考える資格や権利といった適格性 (deservedness)[5]と比べたときに妥当であるか否かを評価する基準であるという視点からは、ほぼ同義語としてみなすことができる。したがって、本章では、原則として公平、公正を区別することなく一括して「公正」という用語に統一し[6]、個人個人の公正に関する受け止め方については、適宜、「公正感」と記述する。ただし、文脈に応じて、日本語の公平、公正という意味合いを表したい場合はそのまま表記した。

2　公正さに対する関心の動機——「利己心モデル」

　生来、人々は利己的な存在であり、常に自己利益を最大化しようとする動機を持っていると仮定する考え方は「利己心モデル」と呼ばれる[7]。つまり、決定が下される際に、可能な限り自分にとって都合のよい結果が得られるよう判断したり行動することは、本モデルに基づいて考えることができる。大学入試の場面では、合格が「最大の利益」であり、同モデルが適用されやすい状況であると考えられる。受験者は、「合格」という利益を得るために、その過程をコントロールしたいと動機づけられたり、自分に不利益が生じるような選抜方法や評価といった手続きの基準やルールに対して、関心を持つことが予想される。

3　「分配的公正」と「手続き的公正」

　社会心理学の分野では、人々が認知する公正さについて大きく2つの観点から議論されてきた。まず、「分配的公正」(distributive justice) というもので、

報酬や資源の分配に対して人々が知覚する公正判断のメカニズムを問題にしたものである。もう一方は、「手続き的公正」(procedural justice) と呼ばれるもので、分配の手続きそのものに対する公正認知や、ある権限を持った者（例えば上司など）による処遇に対する当事者たちの公正認知のメカニズムを問題にしたものが該当する。

①分配的公正
(1) 分配の原理
　分配方法は、常に一定であるわけでなく、状況や場面に応じて使い分けられ、それぞれの状況に見合った分配の原理が作用している。代表的な分配の原理として、全員に均等に分配する均等原理 (equality principle)、能力や業績に応じて分配する衡平原理 (equity principle)、必要性に応じて分配する必要性原理 (need principle) と大きく3つに集約され、各原理は同時に作用することなく、状況や場面に応じて個別に作用していることが報告されている (Deutch 1975)。このような分配原理の多元性は、各原理が選好される条件を模索する研究分野を生み出し、配分選好理論 (Hegtvedt & Markovsky 1995) とも称される（林 2007）。

　分配の原理は、大学入試における選抜という性質を議論する上で前提となる重要な枠組みと言える。したがって、「選抜」の場面において、分配するものを「合格者」と想定し、いかなる原理が作用しているか具体例を挙げて考えてみたい。

　まず、入学定員50人の学部に対して、志願者が150人いる大学入試の場面を想定したとき、50人の定員枠を150人に均等に分配することは原理的には不可能である。もちろん、合格者1人分の就学期間を3分の1にして分配するという手立ても現実的にはあり得ない分配の方法であろう。一方、受験者Aと受験者Bが任意の同じ学部を受験した場合、入試の成績にかかわらず、他大学に合格している受験者Aよりも、どこの大学にも合格していない受験者Bを同学部に合格させるといったルールに則った必要性原理に基づく分配も、わが国では存在しない。となれば、選抜を目的とした試験が、限ら

れた入学定員を試験成績に基づいて分配するという性質を保持している以上、その分配的公正を議論するためには、衡平原理についての検討が必要だと言える。

(2) 相対的判断に基づく公正認知——Adams（1965）の衡平理論

　一般的に、ある分配場面において、人々が「公正さ」を判断するとき、そこには自らに対して相対的な比較対象となる他者の存在が暗黙のうちに想定される。例えば、同じ能力だと考えられるA氏とB氏が同じ仕事を同じ時間だけ行った場合に、もしもA氏の方がB氏よりも給与の支給額が多いときには、当然、B氏は不公正な支給であると判断するだろう。また、A氏の方がB氏よりも経験も能力もすぐれているにもかかわらず、給与の支給額が同じであるというときには、今度は、A氏の方が不公正な支給であると判断されることが予想できる。つまり、人々は他者と比較することで、自分への分配が妥当であるかどうかを判断基準の1つにしているのである。こうした他者との相対的な比較に関する公正認知を検討したものがAdams（1965）の衡平理論である。同理論では、衡平な状態とは、以下のモデルにおいて均衡が成立している状況である（図8-5）。

$$\frac{O_S}{I_S} = \frac{O_O}{I_O} \qquad I_S：自分のInput \quad O_S：自分のOutcome$$
$$I_O：他者のInput \quad O_O：他者のOutcome$$

図8-5　Adamsの衡平理論モデル

　このモデルは、自分が投資したInput（I_S）に対するOutcome（O_S）の比率と同じ条件下の他者が投資したInput（I_O）に対するOutcome（O_O）の比率とのバランスを示している。均衡していれば衡平な状態であり分配的に公正であると判断され、不均衡であれば、不衡平な状態であり分配的に不公正であると判断される状態を示す。InputやOutcomeに該当するものは、現物としての現金や時間といった具体的なものから、努力や名誉といった抽象的なものまでが想定されており、個人個人が何をInput、Outcomeとして考えるかは基本的に個人の考え方に依拠している。同モデルは、大学入試を選抜試験だと考えたとき、公正分配の特徴を理解する上で1つの視点を提供するものである。

(3) 大学入試における公正分配の性質

大学入試における分配の性質について、分配的公正の観点から原理的な検討を行う。まず、衡平原理が作用していることを前提にして、Adams (1965) のモデルを参考に、自分の Input (I_S) に応じて、誰もが納得できる理想的な Outcome (O_S) を導き出す $\bar{O} = a \cdot I$ ($a \geq 0$ かつ $I \geq 0$, a は任意の定数) という関数を定義する。この場合、定数の大小は、Outcome 獲得の難易度や単価などを示す指標とも解釈することができるが、それらについて特に考慮することはしない。本関数は、Input に応じた誰もが納得する公正な Outcome を導き出すという意味で「公正関数」と呼ぶことにする。

横軸を Input、縦軸を Outcome とし、任意の公正関数を示すと図8-6のようになる。Input の値に対し、Outcome の値が公正関数上にあれば公正な分配であることを示す。例えば、Input を労働時間、Outcome を給与というようなアルバイトの給与支給の場面を考えたとき、時給における能力給は考慮せずに全員が一律1,000円という時給を想定すれば、2時間で2,000円、5時間で5,000円の支給ということになり、全てのアルバイト員に対して労働時間に応じた給与を支払うことが公正な給与分配ということになる。仮に、本来5時間の労働予定であるところを、早退することで3時間15分しか労働できなかったとしても、時給を分単位で計算すれば3,250円の支給が可能であり、原理的に言えば、時間に応じた公正な給与支給を1円単位で実現できる。

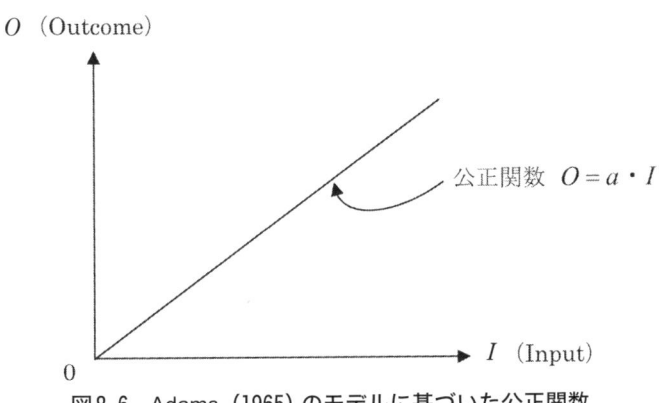

図8-6 Adams (1965) のモデルに基づいた公正関数

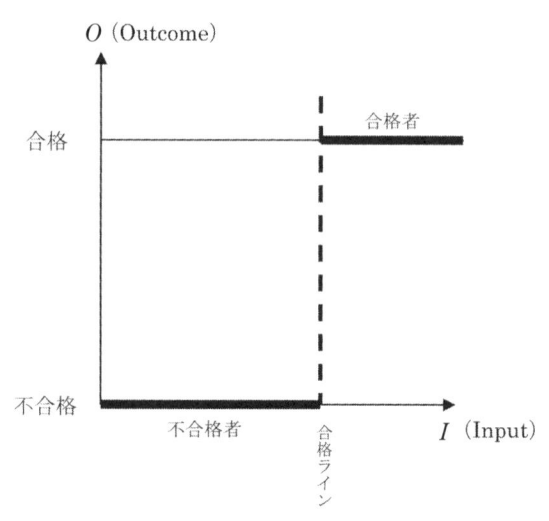

```
         O (Outcome)
         │
         │                  ┊
   合格 ──┼──────────────────┊━━━━━━━━━━━
         │                  ┊   合格者
         │                  ┊
         │                  ┊
         │                  ┊
         │                  ┊
         │                  ┊
   不合格─┼━━━━━━━━━━━━━━━━━━┊
         │     不合格者     ┊
         │                  ┊          I (Input)
         └──────────────────合─────────────
                            格
                            ラ
                            イ
                            ン
```

図8-7 選抜の場面における合否の分配

　一方、大学入試のような選抜試験では、Input をテスト得点、Outcome を合否と一意に固定するならば、Outcome は「合格」と「不合格」に2分される（図8-7）。言い換えるなら、アルバイト代のように連続量的な Outcome でないために、1円単位で支給額に段階的な差を付けることができないということを示す。つまり、テスト得点に応じて、「40％程度の合格」というような段階的な分配は原理的に不可能であることを意味し、ある合格ラインを境に「100％の合格」か「100％の不合格」しかあり得ないということが選抜試験の特徴として挙げられる。

　選抜の場面に、公正関数を当てはめてみると図8-8のようになる。Outcome の一部分以外は、公正関数上から離れた位置に「合格者」、「不合格者」として布置しており、公正関数上でないために原理的には公正な分配がなされていない状態といえる。また、公正関数からの距離は、公正分配からの乖離度を示している。例えば、ある選抜試験におけるテストの満点を100点、合格のボーダー得点を70点とし、Input をテスト得点、Outcome を合否としたときの受験者間での相対的な公正認知について、合格者間と不合格者間に分けて考えてみる。

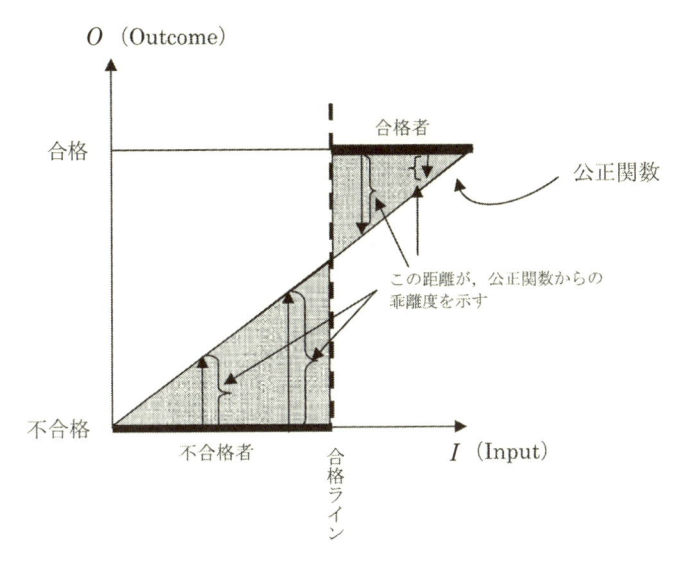

8章　大学入学者選抜における公平性・公正性の再考　165

図8-8　選抜場面に公正関数を当てはめた場合

　合格者間は、満点の合格者とボーダー得点の合格者を比較したとき、同じ合格という結果を得るにしてもボーダー得点での合格者は、満点での合格者に比べ低コストで合格を手にするという点において、「不衡平な状態」であるといえる。つまり、乖離度が大きい者は、乖離度が小さい者と比べ低コストで合格を手にしているのである。
　一方、不合格者間でも、ボーダー得点に一歩及ばず不合格となった者は、0点で不合格した者に比べ、投入したInputの量が相対的に多いにもかかわらず、得た結果は同じであるという点において、「不衡平な状態」を意味し、乖離度が大きい者ほど、投入したInputの量が多い分だけ、乖離度が小さい者よりも不満が強いことが考えられる。このように考えれば、合格者と不合格者間、特にボーダー得点である70点での合格者と69点での不合格者を比較すると、1点というInputのわずかな差により、Outcomeに決定的な差が生じているとみることができる。
　以上のことより、選抜の場面において全ての受験者が投入したInputに応じた衡平な分配を行うことは原理的に不可能であり、受験者間で不衡平状

態が必然的に生じる構造となっていることが分かる。また、上記の例では、Inputをテスト得点として一意的に固定したが、本来、人々が認識するInputは、「業績」「学力」「意欲」「努力」「個性」「運」など多様な要因が考えられるため、Inputであるテスト得点にどのような要因が反映されるべきかという議論を加えると、一層複雑になる。したがって、選抜試験において誰もが満足するような分配的な公正の確保を実現することは不可能であるといえる。多くの人々が経験する高校入試や大学入試などの選抜試験が、人々の批判の対象として槍玉に挙げられやすかったのも、こうしたメカニズムによって理解することもできるのではないだろうか。

　これまで見てきた分配的公正の観点から得られる知見をまとめれば、選抜における公平性の確保とは、「選抜試験において誰もが満足するような公平性の確保を実現することは不可能であるという前提に立ち、いかに個人の不公正感を軽減させ、その公正感を高めていくかというような観点に基づく選抜試験を目指すこと」だと総括できる。その具体的で現実的な手段を考えたとき、大学入試における手続き的公正に関する視点が浮かび上がってくる。

②手続き的公正

　林（2007）は、Ambrose & Schminke（2001）の知見にしたがい、手続き的公正に関して、物事の決定あるいは報酬分配手続きの構造的側面に注目する「構造的要因」と決定手続きに影響力を持つ人物を問題にする「社会的要因」に区分した。

(1) 構造的要因(1)── Thibaut & Walker（1975）のコントロール理論

　Thibaut & Walker（1975）は、裁判における紛争局面に注目し、当事者が、証拠等の情報提示などを通じて、第三者の最終決定に至る過程に影響を与えることで、その過程をコントロール（「過程コントロール」）しようとすることを見出した。こうした過程コントロールに基づく考え方は、当事者の自己アピールや発言量（voice）の有効性（Tyler et al., 1985; Lind et al., 1990など）といった後の研究に受け継がれている。例えば、意欲や志望動機を評価するための面接試験において、面接者の一方的な質問に対して形式的な回答しか許されず、

自分のアピールポイントを伝えることができない試験手続きと、面接者の質問に対して自分の考えやこれまで勉強してきたことを主体的に回答できる試験手続きを比較したとき、たとえ望まない結果が返ってきた場合でも、後者の方が公正な扱いを受けたと感じられることが予想される。

(2) 構造的要因(2)——Leventhal（1980）の手続き的公正の基準

Leventhal（1980）は、手続き的公正が、分配決定における公正判断の重要な決定要因になっていることが多いことを主張し、政治、組織体における社会的決定の手続きの公正さを評価する枠組みについて、6つの基準を提示した（**表8-1**）。これら6つの基準は「公正基準（justice rules）」と呼ばれ、「分配の手続きが特定の基準を満たす際に、公正であると知覚する個人の基準」として定義されている。大学入試における選抜手続きにおいて、こうした基準が満たされていない場合には、当事者たちの不公正感が喚起されることが予想される。

(3) 構造的要因(3)——職務関連性

企業における採用や査定の選考基準が、その職務と関連しているかどうかが、志願者らが感じる公正感との関係性が高いことが示されている（Shuler 1993など）。これをふまえれば、受験者が大学生としての「職務」を何と知覚しているかによって、ふさわしく思う選抜の評価基準も異なってくるだろう。例えば、「職務」を数学に関する研究と知覚しているならば、職務遂行能力の1つとして「数学的能力」を評価されることが妥当であると感じることが予想され、逆に、数学的な能力が全く問われない選抜方法であれば、適切な評価がなされない、妥当性の低い試験であったと認識される可能性がある。

表8-1　Leventhal（1980）の手続き的公正の基準

基　準	内　容
一貫性（consistency）	時間や対象者を超えて、一貫した手続きが適用される
偏りのなさ（bias suppression）	個人的利害や思想的先入観が抑制されている
正確さ（accuracy）	正確な情報を基盤として決定が下されている
修正可能性（correctability）	再審理の機会がある
代表性（representativeness）	全ての関係者の利害関心や価値観が反映されている
倫理性（ethicality）	基本道徳や倫理に反しない

出典：林（2007）より抜粋

(4) 社会的要因 —— Bies & Moag (1986) の研究

林 (2007) は、手続き的公正の要因が形式的な手続き構造に限定されるわけでなく、当事者が手続きや規則の執行に影響を持つ人物から受けた処遇の質も、手続き的公正知覚の要因であるという主張 (Bies & Moag 1986; Greenberg 1990; Greenberg 1993; Tyler & Bies 1990; Tyler & Lind 1992) をふまえ、社会的要因の1つとして「相互作用的公正 (interactional justice)」(Moorman 1991; Konovsky 2000) を挙げた。これは、手続き的公正における対人的処遇の重要性が示されたものである。代表的なものとして Bies & Moag (1986) の研究が挙げられ、人々の公正判断に影響を与える要因には、構造的要因だけでなく、権限者 (ここでは、採用担当者) の正直さ、配慮、権利の尊重といった両者の相互作用により生じる「社会的要因」の重要性が報告されている。これらの知見をふまえれば、面接試験の場面において、面接者の被面接者に対する接し方や両者間のコミュニケーションなどを通じて生じる面接試験の雰囲気などによって、「公正に処遇されたかどうか」という受験当事者の公正知覚が大きく左右されることが予想される。

4節　まとめ

本章では、「日本型三原則」の1つである「公平性の確保」に注目し、大学入試における「公平さ」「公正さ」というものを社会心理学的公正研究の概念や諸理論から整理した。その結果、大学入試における当事者が「公平さ」「公正さ」を認識するメカニズムや大学入試の文脈における公平性・公正性という概念の複雑さを検討するための視点を見出すことができた。重要な視点は、現実的な大学入試の文脈において、誰もが納得する公平性を確保することが不可能だという事実である。この視点に立てば、いかに個人の不公正感を軽減させ、いかにその公正感を高めていくかという観点からの制度設計の必要性が示唆される。

こうした視点は、行政文書で示された指針に対しても1つの解釈を可能にする。例えば、大学審議会 (2000) は、能力・適性等の多面的な判定や大学入

試においてやり直しのきくシステムの構築を進めるために、「(中略)絶対的な公平性ではなく、もう少し柔軟にこれをとらえ、合理的に許容される範囲の中での公平性という考え方に転換していくことが必要」であると「公平性についての考え方の見直し」を謳っている。「絶対的な公平性」という文言を含め、従来の「公平性」への見解は、「同一条件・同一処遇」という「当為」にかかわる判断に傾きがちであった。これを手続き的公正の観点から考えれば、全ての当事者に対する同一手続きが、個人の公正感にどのように影響を与えるのかといった見方ができる。しかし、前述したように、現在の大学入試を「同一条件・同一処遇」を伴う手続きで実施することは事実上不可能である。つまり、「合理的に許容される範囲の中での公平性という考え方」とは、「現実的な様々な制約の中で、人々の公正感から帰納的に導かれた合理的な分配や手続きについての考え方」といった解釈がなされるべきなのである。

　一方、筆者が調査した受験者の回答内容を吟味しても、図8-1〜3で示した回答に見られように、「公平性」に対する回答者の認識は非常に多元的で複雑であるものの、図8-4が示すように自分が経験した入試に関しては、公正な手続きで試験が行われたと感じる回答者が多い。これは、「公正に処遇された」という感覚が喚起されたことにより、受験者の手続きに対する公正感が高められ、同時に多くの受験者の納得性も高められたものと理解できるだろう。特に、分析に用いたデータは志望校の合否決定が下される前であるため、合格という「利益」も不合格という「不利益」も得ていない期間における回答であることから、「利己心モデル」の解釈が適応されにくい状態での入試手続きに対する純粋な認識であるといえる[8]。

　以上の点をふまえれば、「現実的な様々な制約の中で、人々の公正感から帰納的に導かれた合理的な分配や手続きについての考え方」を実現するための手段として、社会心理学的視点からのアプローチの有用性は高いと思われる。こうした社会心理学的視点からの具体的なアプローチの試みとして、筆者らは次のような実証的研究を行ってきた。まず、社会心理学的公正研究の概念や理論の枠組みから、受験当事者の大学入試における公平性・公正性に関する認識について、実際に解釈が可能かどうかを検証するために、一般的

に言われる「AO入試」に対する受験当事者のイメージを分析した (西郡・倉元 2007)。その結果、社会心理学的視点からのアプローチに関して、一定の有用性が示された。また、大学入試における選抜方法および評価手続きに関して、後期日程廃止問題に対する高校教員の意見構造の分析 (倉元・西郡・佐藤・森田 2006)、面接者による「主観的な評定」が懸念されてきた面接試験に対する受験当事者の認知的要因およびメカニズムの検討 (西郡 2007；西郡 2009)、センター試験のリスニングテストを題材に、テストの「妥当性」と試験実施環境の「均一性」を問題にした高校生の潜在的意識の検討 (西郡・倉元 2008) などを行ってきた。これらの試みは、多様化した大学入試制度下における「公平性」、つまり「合理的に許容される範囲の中での公平性という考え方」に立脚した「公平性の確保」に向けた基礎研究として位置づけられるだろう。今後、こうした試みが受験当事者の心理的側面に配慮した入試の策定および検証において、有効に活用されることを期待したい。

注

1 例えば、藤田 (1997) は、受験競争の低年齢化を挙げている。
2 「日本型三原則」は、米国流の「エドミストン三原則」と比して名づけられたものである。詳細は、木村・倉元 (2006b) を参照されたい。
3 大学進学率が多い高校と少ない高校によって選抜方法に対する見方が異なる報告も存在するが (例えば、村山 2000)、本章では、大学への進学動機が強い集団の意識ということで、進学校における生徒の認識に限定する。
4 回答者の約80%が国公立大学を第1志望としている。
5 「適格性」とは資格や権利 (Olson et al., 1994) のことである。
6 林 (2007) は、Lind & Van den Bos (2002) の「justice がある基準に照らして判断される規範的な性質の強い概念であるのに対して、fairness は適切な処遇に関する個人の主観的感覚の強い概念であり、心理学者は後者を用いるべきだ」という主張をふまえ、「justice を『正義』、fairness を『公正』『公平』というように訳し分けることもできると思うが、心理学用語として『正義』という表現が必ずしも適切とは思われない」とした上で、両者の違いが重要となるもの以外は、justice と fairness を区別して訳すことはせずに、いずれも「公正」と訳している。

7　林（2007）によれば、なぜ人々が公正さに関心を持つかを考察する動機研究の中で、「利己心モデル」を含む道具モデルと、社会的同一性（Tajfel & Turner 1979）の考え方を適用した集団価値モデルなどを含む社会的モデルという2つの伝統的モデルが存在すると述べている。

8　ここで意味する「利己心モデルからの解釈」とは、合格者は自分の能力を判定した選抜手続きを適切で正当なものとして捉える反面、不合格者は、自分が受験した選抜手続きに対して否定的に捉える傾向があるという西郡・倉元（2007）の指摘をふまえている。

文献

Adams, J.S., 1965, "Inequity in social exchange", L.Berkwits Ed., *Advances in Experimental Social Psychology*, vol.2, New York: Academic Press, pp.267-299.

Ambrose, M.L. & Schminke, M., 2001, "Are flexible organizations the death knell for the future of procedural justice?", R.Cropanzano Ed., *Justice in the workplace: from the theory to the practice*, vol.2, Mahwah, NJ: Lawrence Erlbaum Associates Publishers, pp.229-244.

Bies, R.J. & Moag, J.S, 1986, "Interactional justice: Communication criteria for justice", R. J. Lewicki, B. H. Sheppard, & M. H. Bazerman Eds., *Research on negotiation in organizations*, Greenwich, CT: JAI Press, pp.43-55.

Deutch, M., 1975, "Equity, equality, and need: What determines which value will be used as the basis of distributive justice?", *Journal of Social Issues*, 31, pp.137-149.

Greenberg, J., 1990, "Organizational justice: Yesterday, today, and tomorrow", *Journal of Management*, 16, pp.399-432.

―――, 1993, "The social side of fairness: Interpersonal and informational classes of organizational justice", R. Cropanzano Ed., *Justice in the workplace: approaching fairness in human resource management*, Hillsdale, NJ: Lawrence Erlbaum, pp.79-103.

Hegtvedt, K.A. & Markovsky, B., 1995, "Justice and injustice", K.S. Cook Ed., *Sociological perspective on social psychology*, MA: Allyn and Bacon.

Konovsky, M.A., 2000, "Understanding procedural justice and its impact on business organizations", *Journal of Management*, 26, pp.489-511.

Leventhal, G.P., 1980, "What should be done with equity theory?: New approaches to the study of fairness in social relationship", Gergen, M. Greenberg, & R. Willis Eds. *Social exchange*, New York: Academic Plenum, pp.27-55.

Lind, E.A., Kanfer, R. & Earley, P.C., 1990, "Voice, control and procedural justice: Instrumental and noninstrumental concerns in fairness judgments", *Journal of Personality and Social Psycholog,* 59, pp.952-959

Lind, E.A. & Van den Bos, K., 2002, "When fairness works: Toward a general theory of uncertainty management", *Research in Organizational Behavior,* 24, pp.181-223.

Moorman, R.H., 1991, "The relationship between organizational justice and organizational citizenship behaviors: Do fairness perceptions influence employee citizenship?", *Journal of Applied Psychology,* 76, pp.845-855.

Olson, J.M., Roese, N.J., Meen, J. & Robertson, D.J., 1994, "The reconditions and consequences of relative deprivation: Two field studies", *Journal of Applied Social Psychology,* 25, pp.944-964.

Shuler, H., 1993, "Is there a dilemma between validity and acceptance in the employment interview?", B. N. Nevo & Jager Eds., Educational and psychological testing: the task takers'outlook, Tront, Canada: Hogrefe and Huber, pp.239-250.

Sidgwick, H., 1907, *The Methods of Ethics*, 7th ed.: Hackett Publishing Company.

Tajfel, H. & Turner, J, 1979, "An integrative theory of intergroup conflict", S. Worchel Ed., *Psychology of intergroup relations*, Chicago: Nelson Hall.

Thibaut, J. & Walker, L., 1975, *Procedural justice: A psychological analysis*, Hillsdale, NJ: Lawrence Erlbaum.

Trow M.A（天野郁夫・喜多村和之訳），1976,『高学歴社会の大学——エリートからマスへ』東京大学出版会．

Tyler, T.R., Boeckmann, R.J., Smith, H.J. & Huo, Y.J., 1997, *Social justice in diverse society.* 2000,『多元社会における正義と公正』大渕憲一・菅原郁夫監訳，ブレーン出版．

Tyler, T.R. & Bies, R.J, 1990, "Beyond formal procedure: The interpersonal context of procedural justice", J.S. Carroll Ed., *Applied social psychology and organizational settings*, Hillsdale NJ: Lawrence Erlbaum, pp.77-98.

Tyler, T.R. & Lind, E.A., 1992, "A relational model of authority in groups", M.Zanna Ed., *Advances in Experimental Social Psychology*, 25, New York: Academic Press, pp.115-191.

Tyler, T.R., Rasinski, K.A. & McGraw, K., 1985, "The influence of voice on satisfaction with leaders: Exploring the meaning of process control", *Journal of Personality and Social Psychology*, 48, pp.72-81.

天野郁夫，1986,『試験と学歴——努力信仰を超えて』リクルート出版部．

大渕憲一，2004,「公正の社会心理学：社会的絆としての公正」大渕憲一編『日本人の公正観』現代図書，pp.3-30.

苅谷剛彦，1995,『大衆教育社会のゆくえ——学歴主義と平等神話の戦後史』中公新書．

木村拓也・倉元直樹, 2006a,「戦後大学入学者選抜制度の変遷と東北大学の AO 入試」『東北大学高等教育開発推進センター紀要』1, pp.15-27.
――――, 2006b,「戦後大学入学者選抜における原理原則の変遷―『大学入学者選抜実施要項』「第1項 選抜方法」の変遷を中心に」16, 国立大学入学者選抜連絡協議会編『大学入試研究ジャーナル』pp.187-195.
倉元直樹・西郡大・佐藤洋之・森田康夫, 2006,「後期日程入試の廃止問題に対する高校教員の意見構造」『東北大学高等教育開発推進センター紀要』1, pp.29-40.
大学審議会答申, 2000,『大学入試の改善について』.
竹内洋, 1991,『立志・苦学・出世―受験生の社会史』講談社現代新書, 講談社.
――――, 1999,『日本の近代12 学歴貴族の栄光と挫折』中央公論新社.
中央教育審議会, 1971,『今後における学校教育の総合的な拡充整備のための基本的施策について(中間報告)』.
中畝菜穂子・内田照久・荘島宏二郎, 2006,「競争的選抜経験者における大学入試に関する公平感―得点調整事態下での検討」『キャリア教育研究』24, pp.1-10.
中村高康, 1996,「推薦入学制度の公認とマス選抜の成立―公平信仰社会における大学入試多様化の位置づけをめぐって」『教育社会学研究』59, pp.145-16.
西郡大, 2007,「大学入試における面接試験に関する検討―公正研究からの展望」『教育情報学研究』5, 東北大学大学院教育情報学研究部・教育部, pp. 33-49.
――――, 2009,「面接試験の印象を形成する受験者の心理的メカニズム―大学入試における適切な面接試験設計をするために」『日本テスト学会誌』5, pp.81-93.
西郡大・倉元直樹, 2007,「日本の大学入試をめぐる社会心理学的公正研究の試み―『AO 入試』に関する分析」『日本テスト学会誌』3, pp.147-160.
――――, 2008,「大規模リスニングテストにおける『妥当性』と『均一性』―IC プレーヤー試聴体験に参加した高校生の意見分析」『東北大学高等教育開発推進センター紀要』3, pp.77-90.
日本教育社会学会, 1983,「学歴の社会学」『教育社会学研究』38号.
――――, 1987,「階層文化と教育」『教育社会学研究』42号.
林洋一郎, 2007,「社会的公正研究の展望：4つのリサーチ・パースペクティブに注目して」『社会心理学研究』, 22, pp.305-330.
林洋一郎・倉元直樹, 2003,「公正研究からみた大学入試」『教育情報学研究』1, 東北大学大学院教育情報学研究部・教育部, pp.1-14.
藤田英典, 1997,『教育改革―共生時代の学校づくり』岩波新書, 岩波書店.
村上隆, 1998,「得点調整における公平性の概念―線形等化法における複数の基準の可能性」『大学入試研究ジャーナル』8, pp.41-46.

村山詩帆, 2000, 「選抜手続きをめぐる公正観の分散対立―『公平信仰社会』という論法・恣意」『東北大学教育学部年報』48, pp.23-39.

9章　大学における初年次教育の展開
——アメリカと日本

山田　礼子

1節　はじめに

　2008年3月に初年次教育学会の設立大会が同志社大学で開催されたことに続き、11月には第1回大会が玉川大学で開催された。両大会への参加者数はいずれも330名を超えるなど、初年次教育へのニーズと期待の高さを如実に示している。初年次教育は、高校から大学への移行という青年期にとっての重要な転換期を支援する教育として定義され、1970年代後半から80年代前半にかけて、多くのアメリカの高等教育機関で導入されたことが始まりである。もちろん、アメリカにおける初年次教育の歴史は20世紀前半にまでさかのぼるが、現在のようなFYE (First Year Experience) に形態が定まったのが70年代後半から80年代にかけてであった。同様に、作文能力や数学、物理などの特定の教科における知識や技能の欠如している部分を補うための教育である、補習教育とは定義上区別されるようになった。アメリカの高等教育機関は日本に先立ち、高等教育のユニバーサル化とそれに伴う学生の多様化を経験する一方で、卒業時の質保証への強い要求を受けてきたが、そのような状況において、初年次教育は、入学した学生を大学教育に適応させ、中退などの挫折を防ぎ、成功に水路づける過程で、効果的であるという評価を受けてきた。高い評価や期待を背景にアメリカで誕生した初年次教育は現在では日本を含む世界20か国以上に広がっている。

　アメリカでは、必ずしも日本で使われている初年次教育を直訳したFirst Year Educationではなく、First Year Experienceが多用されていることを理解

しておく必要がある（舘 2008: 49-56）。日本でほぼ普遍的な用語として定着しつつある初年次教育に相当する用語としては、現在のアメリカではファーストイヤーセミナーが近いが、用語をめぐる解釈については後述する。

近年、日本の高等教育をとりまく環境変化は著しく、学力・学習目的・学習動機・学習習慣の多様な学生を受け入れる大学が急増している。環境変化に対処するために、大学をより教育を重視する場へと変革させるような教育政策がとられるようになってきたことも初年次教育の広がりにインパクトを与えている。事実、2008年12月に中央教育審議会（以下、中教審）により出された答申『学士課程教育の構築に向けて』では、高等学校から大学への円滑な移行に果たす初年次教育の重要性が指摘され、学士課程教育の中に初年次教育を明確に位置づけることが提唱された。

日本における初年次教育は、2000年代に入って多くの大学に急速に導入されるようになった。2001年時点で84％近くの私立高等教育機関が、スタディ・スキル（一般的なレポート・論文の書き方や文献の探し方）の習得や専門教育への導入を主な目的とした初年次教育を導入していた[1]。2000年前後から進展してきた日本における高等教育のユニバーサル化の進行に伴って、多様な学生が私立大学を中心に入学してきたことがその背景であることも指摘されている（山田 2005）。2001年度調査のその後の進展を検証するために、2007年に全国の国公私立大学を対象に国立教育政策研究所が行った調査結果をみると[2]、初年次教育の普及率は97％近くに上っており、総合大学、研究大学、単科大学などの種別を問わず、全国の大学への初年次教育普及の進展が確実に広がっていることが新たな知見として得られた（山田 2008）。2001年時点で初年次教育の領域として認識されていたスタディ・スキル、スチューデント・スキル、専門教育への導入、情報リテラシーに加え、学びへの導入、キャリア・デザインや自校教育等が初年次教育のカバーする領域として新たに認識されるようになるなど領域の広がりも著しい。初年次教育は日本において定着しつつあるといっても過言ではないが、実際には日本において初年次教育が大学等において導入され始めたのは2000年前後であり、その歴史は浅い（日本私立大学協会附置私学高等教育研究所 2005）。形態、内容においても日

本独自で開発されたというよりは、アメリカで1970年代から普及してきているファーストイヤーセミナーに代表される初年次教育を基本的に参考にしている（山田 2005）。

本章では、日米の初年次教育の共通点と差異を探ることを目的とする。その際、第1に初年次教育についての日米両国における発展経緯と初年次教育へのアプローチを概観し、第2に日本の私立大学の全学部長およびアメリカの4年制大学の教務担当副学長を対象に実施した同内容の初年次教育調査結果を通じて、日米の初年次教育の共通点と差異および学生の現状を分析し、さらに日本の初年次教育が2001年からどのように進展してきたかを把握するために2007年に実施した全4年制大学学部長調査から日本の初年次教育の現状を把握する。

2節　日米における初年次教育拡大への軌跡

1　初年次教育の発展の経緯

日本の初年次教育の原型であるファーストイヤーセミナーは20世紀初頭から米国の大学に取り入れられてきたが、ユニバーサル化が進行し、学生の学力面、価値観等における変容が顕著になってきた70年代から、比較的多様な学生が学生人口を占めている4年制州立大学や小規模リベラルアーツ大学で一般教育カリキュラムに統合され始めたことを契機に急速に普及してきた。ファーストイヤーセミナー（フレッシュマンセミナー）には新入生のオリエンテーションとしての機能が付与されている。大学でのオリエンテーションの重要性はすでに今世紀初頭に指摘されている。当時のハーバード大学総長ローレルは、「俗世間から離れて寮生活を送る新入生にとって、緊密な付き合いをしながら方向づけを行ってくれるアドバイザーとの共同生活は不可欠である」と述べ、新入生とアドバイザーとの共同生活からなる大学寮生活を制度化するよう提案したとされている（Gordon, 1989）。1910年にはスタンフォード大学学長ジョーダンが、「新入生へのガイダンス教育」の強化を提案した（Gordon, 1989）。フレッシュマン・オリエンテーション科目として、最

初に制度化されたのは1888年のボストン大学においてであり、単位を付与するフレッシュマン・オリエンテーション科目を初めて設置したのは、1911年のリード大学であった。「大学生活コース」と命名された当科目は新入生全員が履修する必修科目として設置され、大学生活と学問への適応を促進するための内容が重要視されていた。

1916年に単位付与型のオリエンテーション科目を開設している大学はわずか6校であったが、1930年までには82校がオリエンテーション科目を単位ベースで開設していた。

1918年から22年の間には、プリンストン大学、インディアナ大学、スタンフォード大学、ノースウェスタン大学、オハイオ州立大学、ジョンズホプキンス大学等、威信の高い大規模大学において単位ベースでのオリエンテーション科目が設置された。

学問への招待的要素を持つ講座は1920年代に複数の大学が開設したが、ダートマス大学の「エボルーション」やコロンビア大学の「現代文明への招待」が典型的な科目例である。

一方、ブラウン大学、ミネソタ大学やアンティオーク・カレッジ等は、社会、経済、哲学、政治、自然科学に関連する幅広い分野への入門を提供すると同時に学習技能、図書館の利用法、職業の選択を統合した現在多くの高等教育機関で構築されているファーストイヤーセミナー（フレッシュマンセミナー）の原型ともいえる科目を開設した。

1930年代までには当時の大学のおおよそ3分の1に相当する大学がフレッシュマン・オリエンテーション科目を設置し、1938年の調査によると全大学新入生の約90％がフレッシュマン・オリエンテーション科目を履修したとされている。1960年代に入り、教授団から学習技術の向上や学生生活の方向づけへの単位付与に対して疑義が出されたことを契機に、フレッシュマン・オリエンテーション科目は多くの大学のカリキュラムから消失することになる。同時に、1930年代までの学生を前提として構築されたフレッシュマン・オリエンテーション科目内容が70年代の学生には時代遅れとして受け止められ、魅力が半減してしまったことと重なってフレッシュマン・オリエンテー

ション科目は下火となった。

　しかし、学生運動を契機として教育への学生の要求が高まり、高等教育の大衆化に伴う諸現象が顕在化し始めた1970年代後半あたりから、フレッシュマン・オリエンテーション科目は再び脚光を浴びることになる。名前をフレッシュマンセミナーと改め、教育方法も学生を主体にしたプレゼンテーションやコミュニケーションなどを多用し、読み書き、情報検索、討論、発表などのアカデミック・スキルや大学生活の基本的なスキルを身に付けることを目標として、時間管理法や就職支援、ならびに友人や教員との付き合いを円滑にするための人間関係、コミュニティ活動、職業選択に関連する包括的な内容で構成されるようになり、現在でもこうした内容は基本的なフレッシュマンセミナーの定番として定着している[3]。

2　現在のアメリカにおける初年次教育

　筆者は、70年代後半あたりから、再度大学がフレッシュマンセミナーをカリキュラム上に復活させた背景に、第一次の教育改革ともいうべき学生から大学のカリキュラムの変革への要望、それまでの全寮制の大学から通学生主体へと変革した学生人口動態の変動、そして多様な学生の入学と70年代から顕著化し始めた学生文化の変容の存在といった状況があり、さらに一連の環境変化に伴い、SATやACTの取得点数の低下や高校時代に受けた補習教育の時間数の増加がフレッシュマンセミナー（本節以降はファーストイヤーセミナーとして統一する）[4]の復活に影響を及ぼしてきていることを別の論考ですでに指摘した（山田 2005）。本節では、こうした状況を前提としたうえで、現在のアメリカの初年次教育の動向について文献から検討する。初年次教育という用語は、アメリカでは狭義ではファーストイヤーセミナーに相当し、広義ではファーストイヤー・エクスペリエンス（FYE）すなわち「初年次の経験」を意味する。それとは学生をとりまく環境変化および学生の変容に対応していると推察できる初年次の経験とはどのような概念であり、どのような内容が提供されているのだろうか。

　アメリカにおける初年次教育を過去20年にわたって牽引してきたジョン・

ガードナとリー・アップクラフトは1989年にアメリカにおける初年次教育を幅広く捉えた著書、*Freshman Year Experience* を著した。2005年には20年間の初年次教育の進展状況を反映した著書を出版した (Upcraft et al. 2005)。2005年版の著書は、翻訳本として2007年に日本で出版されている (アップクラフト他 2007)。両書の共通点としては、「初年次生が大学に円滑に適応し、教育上や個人的な目標を達成することを手助けするような数多くのプログラム、サービス、関連科目やその他の取り組みのヒントとなる概念を提供すること」である (前掲書: i-vi)。しかし、一方で最初の書が出版されてからの20年間には、初年次生をめぐる大きな変化があったことは疑いもない。例えば、初年次の経験は、アメリカの高等教育会に確固として根づいた意識であり、初年次生の成功を支援する動きは拡大し、その内容も多様化している。同時に、初年次の経験とリテンションの専門的研究と専門家が確立されてきたということがその代表例である (アップクラフト他 2007: 3)。

初年次生の成功を支援する動きの拡大とその内容の多様化は、具体的な支援内容の多様性から検証することができる。ファーストイヤーセミナーは日本で用語として普及している初年次教育に相当するが、学習アドバイス、オリエンテーションの方法、学生支援サービス、全寮制のプログラム、サービス・ラーニング、ラーニング・コミュニティおよび総合化された補習教育なども初年次生の支援として位置づけられるようになってきている。換言すれば、教育課程で提供されているファーストイヤーセミナーのみならず、学生支援や学習支援も含めて、より総合的に初年次生の経験を支援することが、アメリカの初年次教育とみることができる。

ここで、リテンション研究と専門家が確立されてきたことに関連して、リテンション率と学生の多様化の関係を考察してみる。学生の学力面および価値観の変化は実際にどのような影響を及ぼしているのだろうか。80年代以降、急激に卒業率および各学年を終了して次年度に進級するリテンション率が低下し始める。かつて4年制大学の標準的な卒業率の指標は4年卒業率であったが、現在では5年卒業率が一般的な指標になっている。4年卒業率の高さを誇れるところは少数の威信の高い4年制大学のみという事実は否め

ず、学生の多様化が進み、ユニバーサル化を引き受けている小規模大学、あるいは州立大学では5年もしくは6年を標準とした卒業率が一般的である。ACT が公表している1999年度の5年卒業率は、4年制の学位授与機関である公立大学は43.1％、同私立大学は53.9％であった。一方、2007年度の IPED データによる全米の6年間での4年制大学卒業率平均は、56.1％となっている[5]。初年次から2年次へ進級するリテンション率（在留率）は2007年時点で68.1％が全米平均となっている[6]。アメリカの4年制高等教育機関では、かつて4年卒業率を標準としていたが、徐々に5年卒業率が標準になり、現在では6年卒業率が標準となる。卒業年限が長くなることは、高等教育費用が上昇し、連邦、州および個人家計を圧迫することになる。同時に、90年代以降、米国の高等教育機関は高等教育への財政配分の縮小とアカウンタビリティという問題に直面してきた。それゆえ、高等教育費用の削減に向けてのアクレディテーション機関による評価の要求が年々厳しくなっているが、標準的な評価指標の代表がリテンション率と卒業率である。

　それゆえ、卒業率とともに、多くの公立大学は財源配分を受ける上で、「ティーチング（教育）」面における「教育改善」が重要視され、「リテンション率（在留率）」の向上は教育改善の指標として大きな意味を持っている。それでは「教育改善」と「初年次」にはいかなる関連性があるのだろうか。ガードナーやベアフットを始めとする初年次に関する先行研究では、高校から大学への大きな転換期を迎える学生にとって初年次が、その移行期を円滑化する上で効果的であると指摘しており、サウスカロライナ大学にある初年次教育研究機関（NRC）の調査でも高等教育機関で実施されているファーストイヤーセミナー（FYS）の多くは移行期支援型であることが明らかにされている（Barefoot & Fidler 1995）。さらに、初年次から2年次への在留率は、ファーストイヤーセミナーを受けた学生の方がより高いと明らかにしている先行研究も多い[7]。すなわち、初年次を充実させることにより、大学生活への転換が円滑化し、リテンション率（在留率）が高く維持される。そうすると、教育改善の指標であるリテンション率（在留率）の維持もしくは上昇という評価が得られるという仕組みである。

初年次学生支援の研究と理論は、とりわけ大学の初年次に関する研究と学識に依拠しており、学生を対象にしている研究にその理論的基盤を見出すことができる。学生を対象にした研究は、学生の発達に主眼を置いた心理学的アプローチと、機能している大学を前提として、大学という環境の中での学生の社会化過程を検討する社会学的アプローチに大別できる。社会学的アプローチから導き出された理論がカレッジ・インパクトである。代表的なカレッジ・インパクトモデル論者であるアスティンが根拠とした理論的背景がI-E-O（既得情報、環境、成果）モデルである。アウトカムは成果、具体的には学生の成績や学習成果、学位取得に相当する。インプットは学生の既得情報と言い換えられ、環境は学生が教育課程の中で経験することとまとめられる。アスティンは学生の発達や変化を説明する概念、①学生の学習や発達は学生自身の関与の量と質に比例する、②教育政策、教育実践、教員の学生への関与は学生を関与に導き、成果へとつながる、という関与 (involvement) 理論を導きだしている。アメリカにおいては、大学という環境が学生の成長におよぼす影響に関しての実証研究が40年以上にもわたって多くの研究者によって実施されてきており、初年次生の研究もカレッジ・インパクト研究の一部として蓄積されてきていることが特徴である。

一方、前述したように日本においては2000年になって急激に初年次教育が普及したものの、実際には理論的な研究の上に、初年次教育が構築されているわけではない。むしろ、実践が研究の蓄積を凌駕して進展してきている。次に、両国の初年次教育をめぐる状況の違いを前提として、日米で実施されている初年次教育の状況と共通点を把握し、初年次教育が学生の成長に効果を及ぼしているか否かについて考察する。

3節　日米の初年次教育調査

1　調査の設計と方法

日本においては私立全4年制大学1,170学部に対して初年次教育の実施状況、内容および学生の状況についての質問紙調査を2001年に実施し、636学

部から回答を得た[8]。2002年には同様の内容の質問紙調査[9]をアメリカの全4年制大学1,358校の教育担当副学長に対して実施し463校から回答を得た[10]。両質問紙調査の内容はほぼ同様であったものの、分析の枠組みは両国の教育制度の差を反映しているために、完全に同じ分析枠組みを適用することには限界がある。したがって、アメリカの大学の分析枠組みとしてはカーネギー大学分類を適用しているが、日本の大学においては一般的に普及している偏差値を使用している[11]。

　本章は日米の4年制大学の質問紙調査の比較分析が主な目的であるが、先述した大学分類の差異に加えて、日米高等教育の制度的差異も比較分析をする上での限界となることに留意した。まず、第1の留意点として、日本の学生は早期決定という言葉で表されるように一部の高等教育機関を除けば、入学時において専攻分野を決定していることが通常である。一方、アメリカの学生は遅い決定、すなわち一般教育から構築されている前期教育課程を終了後に、専攻分野を決定することが一般的な道程である。それゆえ、日本の高等教育機関が、学部別にカリキュラムが構築され、履修内容も決定されるという分散型であるのに対し、アメリカの高等教育機関では前期課程においてはカリキュラムも履修内容も中央集権型で決定されるという特徴を伴っている。そのため、アメリカでの質問紙調査は教育担当副学長が回答しているのに対し、日本では各々の大学の学部長が回答している。第2点として、大学評価の標準的な評価項目としてアメリカではリテンション率(在留率)が重要視されているのに対し、日本ではリテンション率(在留率)はほとんど意味を持っていない。第3点として、日本では4年卒業率が一般的な指標であるのに対し、アメリカでは5年もしくは6年卒業率が標準的な指標となっている[12]。初年次教育という概念に関しては、先述したようにアメリカと日本では捉え方に差異が存在していることから、アメリカに対しては狭義のファーストイヤーセミナーとして定義し、日本においてはより広義の意味を包摂する初年次教育として定義している(以下では便宜上初年次教育という用語で統一する)。

2 調査結果の分析

日本の4年制大学の4年卒業率の平均は83.15％である。選抜度の非常に高い大学の平均は81.49％、選抜度の高い大学84.65％、一般的大学84.10％、非選抜型大学80.53％、そしてフリーランク型大学が81.32％となっている。非選抜型大学と選抜度の非常に高い大学の学生の4年卒業率は若干低くなっているが、全体的に高い4年卒業率であり、日本社会では4年卒業率が公的な卒業指標として機能していることを示している。一方、アメリカの4年卒業率と5年卒業率はそれぞれ46.19％、54.89％となっている。カーネギー大学分類に基づいた4年卒業率をみてみると、拡大型博士号授与研究大学は41.14％、集約型博士号授与研究大学は35.80％、修士号授与総合大学Ⅰは41.73％、修士号授与総合大学Ⅱは42.11％を示しているが、全体として5年卒業率の方が高い数値を示しており、より一般的な卒業指標として機能していることが読み取れる[13]。

日本の大学における初年次教育の実施状況を見てみると、80.9％の大学が教育課程内に初年次教育を組み入れていたが、9.5％の大学が初年次教育を提供していなかった。大学種別別の特徴としては、フリーランク型大学の90％以上が初年次教育を導入しているが、10％以上の選抜度の非常に高い大学と選抜度の高い大学が、初年次教育の導入予定がないと回答をしていた。

アメリカの大学の初年次教育の導入率の平均は83.4％を示しており、実施率に関しての大学分類別の差異はほとんど見られなかった。

表9-1[14]には2007年、2001年、2002年の日米の調査の初年次教育の内容に関する重視度を示している。2001年、2002年の日米の結果からは、全般的に日本の大学が初年次教育で教える内容をより重視していることが読み取れる。アメリカの大学が日本の大学を上回っている項目は、「時間管理や学習習慣の確立」「大学への帰属意識の醸成」「チームワークを通じての協調性」「市民としての自覚・責任感・倫理観の醸成」となっており、日本の大学の方が学習関連項目全てについてより重視している傾向がうかがえる。

次に、日本の調査を2001年と2007年という時間軸で見てみると、2007年の方がさらに内容を重視する傾向が強まっていることが見て取れる。特に、

表9-1　初年次教育内容で重視している内容（5件法による平均値）

	2007年（日）	2001年（日）	2002年（米）
レポート・論文作成方法	4.69	4.62	4.15
図書館の利用・文献探索方法	4.57	4.36	4.22
情報処理や通信の基礎技術	4.69	4.49	3.47
口頭発表の技法	4.43	4.43	3.90
読解・文献購読の方法	4.29	4.22	3.87
調査・実験の方法	3.78	3.77	3.23
論理的思考力や問題発見・解決能力	4.47	4.40	4.05
時間管理や学習習慣の確立	4.50	3.66	4.00
職業生活や進路選択に対する動機づけ	4.28	3.97	3.60
情報収集や資料整理の方法とノートの取り方	4.39	4.03	3.56
大学教育全般に対する動機づけ	4.45	4.40	4.19
受講態度や礼儀・マナー	4.42	3.93	3.14
大学への帰属意識の醸成	3.86	3.47	4.35
チームワークを通じての協調性	4.22	3.47	3.98
市民としての自覚・責任感・倫理観の醸成	4.28	3.93	4.16
自信・自己肯定感の醸成	4.24	3.95	3.79

学習に関連した項目以上に、社会性に関連した項目での数値が上昇している。

　それでは、日米の大学が提供している内容にはどのような共通点があるのかを詳細に検討するために、2001年、2002年の日米の初年次教育内容の質問項目を、主成分分析により得られた結果について分析する。主成分分析により3因子が抽出された（バリマックス法による主成分分析、累積寄与率58.69％、回転後の因子負荷量の絶対値0.520以上）。「レポート・論文作成方法」「口頭発表の技法」「読解・文献講読の方法」「論理的思考力や問題発見・解決能力、調査・実験の方法」「図書館の利用・文献探索方法」「情報処理や通信の基礎技術」から構成されている因子を「アカデミック・スキル」[15]、「情報収集や資料整理の方法とノートの取り方」「職業生活や進路選択に対する動機づけ」「集中力や記憶力の醸成」「時間管理や学習習慣の確立」「大学教育全般に対する動機づけ」「受講態度や礼儀・マナー」から成る因子を「スチューデント・ソーシャルスキル」と命名した。第3の因子は、「チームワークを通じての協調性」「大学への帰属意識の醸成」「市民としての自覚・責任感・倫理観の醸成」「自信・自己肯定感の醸成」から構成されており、大学への学生の適応を支える情動

的側面ともいえることから、「内面的アイデンティティ」と命名した。

アメリカの大学と日本の大学において、初年次教育の内容を重視する上で実際に違いがあるのかどうかという問題意識に基づき、日本とアメリカの大学の「アカデミック・スキル」「スチューデント・ソーシャルスキル」「内面的アイデンティティ」の各主成分得点についてT検定を実施した。「アカデミック・スキル」$t(853) = 11.042$ ($p=0.0001$)、「スチューデント・ソーシャルスキル」$t(853) = 9.263$ ($p=0.0001$)、「内面的アイデンティティ」$t(853) = -14.206$ ($p=0.0001$) である。日本の大学が初年次教育の内容として「アカデミック・スキル」、「スチューデント・ソーシャルスキル」をアメリカの大学より重視し、アメリカの大学は大学への適応を内面で支える情動的側面である「内面的アイデンティティ」を醸成するような内容を重視していることが確認されたといえる。本調査は学生を対象としたものではないため、実際のリテンションや初年次教育の効果を測定することは不可能であるが、アメリカの初年次学生の支援に関連する研究蓄積に基づいて内容が構成されているようにも思われる。その点、日本の大学は初年次教育に学習面から「スチューデント・ソーシャルスキル」面等多様な内容を組み入れていると解釈できる。

次に、大学分類によってどのような差異があるのかを検証する。日本の大学は偏差値分類、アメリカの大学はカーネギー大学分類に基づいて分散分析を実施した結果を示す。日本の大学の結果は「アカデミック・スキル」、$F(527) = 2.025, p<0.09$、「スチューデント・ソーシャルスキル」$F(527) = 3.794, p<0.005$「内面的アイデンティティ」$F(527) = 2.60\ p<0.05$ を示し、選抜度の非常に高い大学とフリーランク型大学が他のいずれの分類の大学よりも「アカデミック・スキル」を重視していることを示唆している。さらに、チューキー法により大学グループ間での差異をより詳細に分析した結果、「スチューデント・ソーシャルスキル」因子において大学分類上での差がみられた[16]。

また、選抜度の低い大学とフリーランク型大学が選抜度の非常に高い大学よりも「スチューデント・ソーシャルスキル」を重視していることが明らかになった。選抜度の非常に高い大学は学生のスチューデント・ソーシャルスキル」面にはあまり関心を寄せていないが、高等教育のユニバーサル化の影

響を受けやすい、より選抜度の低い大学は学生のマナーの悪化や学習習慣が身に付いていない状況に直面している度合が高く、それゆえ、初年次教育を通じて学習習慣やマナーの向上を早期に身に付けることを期待していると考えられる。

アメリカの大学の結果は「アカデミック・スキル」、$F(316) = 5.142, p=0.0001$,「スチューデント・ソーシャルスキル」$F(316) = 14.0, p=0.0001$,「内面的アイデンティティ」$F(316) = 3.393\ p<0.005$ を示している。この結果から、リベラルアーツ大学は拡大型博士号授与研究大学、修士号授与総合大学Ⅰ、修士号授与総合大学Ⅱ、学士号授与大学よりもアカデミック・スキルを重視していると推察される。一方、学士号授与型大学は他のどの分類の大学よりも「内面的アイデンティティ」を重視していることが示唆されている。

3　学生の評価

図9-1には、5年前と比較した学生の能力やスキルの状況を評価する項目についての日米の状況を示しているが、学生の能力変化状況は日米の大学間で大きな差異がみられる。アメリカの大学の教務担当副学長が数理能力と外

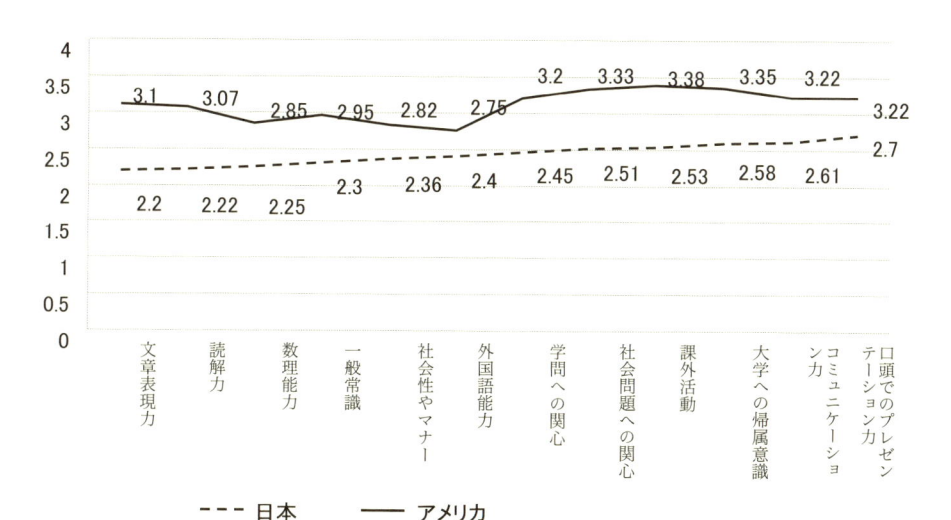

図9-1　日米の大学における学生の能力変化状況

表9-2　日米の大学における学生の能力変化状況の t テスト

項目	N	t	p
読解力	930	−15.076	p=0.0001
文章表現力	932	−14.829	p=0.0001
数理能力	924	−10.222	p=0.0001
外国語能力	926	−5.508	p=0.0001
学問への関心	929	−13.181	p=0.0001
コミュニケーション力	932	−12.255	p=0.0001
口頭でのプレゼンテーション力	929	−8.921	p=0.0001
社会問題への関心	931	−11.556	p=0.0001
一般常識	928	−12.854	p=0.0001
社会性マナー	930	−8.442	p=0.0001
課外活動への参加	931	−15.001	p=0.0001
大学への帰属意識	930	−14.751	p=0.0001

国語能力が5年前と比較して悪化していると評しているのに対し、日本の大学の学部長は全項目における学生の能力・スキルが悪化していると評価している。**表9-2**に掲載しているtテスト結果も全項目における日本の大学の学生の能力・スキルの状況がアメリカよりも悪化していることを確認している。

次に、学生の能力変化に関する質問項目を主成分分析した結果、2つの因子が抽出された（バリマックス法による主成分分析、累積寄与率62.1%、回転後の因子負荷量の絶対値0.570以上）。最初の主成分は構成されている項目の要素から「アカデミック・スキル改善」と命名し、第2番目の主成分は「スチューデント・ソーシャルスキル改善」とした。第2主成分得点を分散分析で比較したが、日本の大学分類のいずれにも差異は観察されなかった。換言すれば、いずれの分類の大学も5年前と比較すると「スチューデント・ソーシャルスキル」の悪化に直面していると見受けられる。一方で、「アカデミック・スキル改善」（$F_{(578)} = 8.655, p=.0001$）には差異が確認された。選抜度の非常に高い大学のみがアカデミック・スキルの悪化に直面していないことを示している。

アメリカの大学分類にしたがって分散分析を行った結果、拡大型博士号授与研究大学において「アカデミック・スキル改善」が顕著であるが、その他の要素においては大学の累計での顕著な差は見られなかった。

4　2007年調査結果の対応分析

　2007年度調査では、各学部が教育プログラムの成果としていかなる能力や態度の習得を重視しているかについて尋ねている。尋ねている能力や態度を主成分分析により分解した結果、汎用的学士力、社会人基礎汎用力、新教養力、古典的教養力等の6つの要素に分類することができた。それらの要素のうち、基礎集計から汎用的学士力、新教養力、古典的教養力は重視されている度合いが高く、あまり分散はみられない一方で、一般常識、責任感を持ち物事を遂行する力、人間関係を構築する能力、チームワークで活動する能力、リーダーシップの能力、成人としての基本的態度（礼儀・マナー）、課外活動への参加、大学への帰属意識については重視度には差異があると見受けられた。そこで、学部の教育プログラムが専門的知識を重視しているのか、あるいは社会人として通用するような一般的な知識や技能を重視しているのか、学部によって異なる意味のパターンを視覚的に捉えることにして、対応分析を試みる（1次元イナーシャーの寄与率0.840　一次元特異値0.170）。**図9-2**からは社会科学、人文科学、家政系の学部の位置が近く、社会人基礎汎用力の重視度の高いグループとの位置も近いという特徴的なパターンを読み取るこ

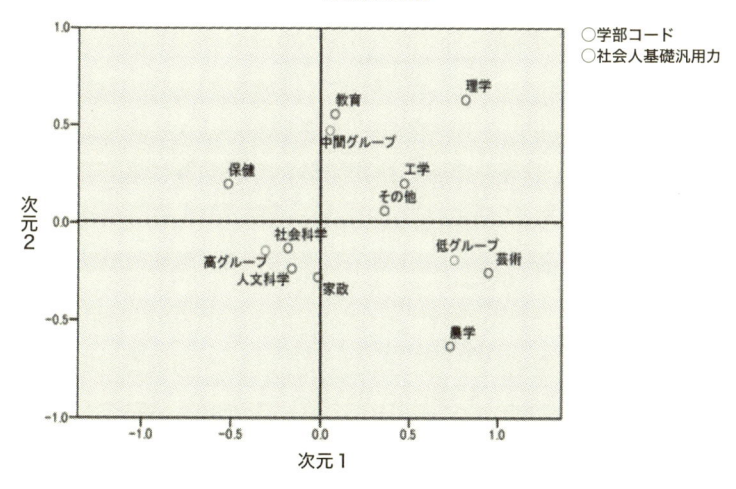

図9-2　学部と社会人基礎汎用力の対応分析結果

とができる。これらの系列の学部は社会人基礎汎用力を教育プログラムの成果として重視する傾向が高いと解釈できる。一方で、芸術系や農学系の距離も近く、また社会人基礎汎用力を重視する度合の低いグループとの距離が近いことから、芸術系や農学系はどちらかといえば社会人基礎汎用力よりも他の要素を教育プログラムの成果として重視していると解釈できる。教育は中間グループとの距離が近く、理学、工学、その他はいずれのパターンにも属していない。これによって、一般常識、責任感、チームワーク、人間関係構築力、礼儀・マナー等からなる社会人基礎力はどちらかといえば、就職してからも営業や総務など、人との関係が重視される領域にかかわる比率の高い文系・社会科学系の分野の教育プログラムの成果として、期待されているという特徴が見える。

5　初年次教育の効果の規定要因

次に、初年次教育の効果の規定要因を重回帰分析によって検討する。その際、相関係数の高い変数を独立変数として選択し、初年次教育の効果を従属変数として設定した。**表9-3**には日米全ての大学のデータ、第2として日本の大学のみのデータ、最後にアメリカの大学のみのデータについてそれぞれ実施した重回帰分析結果を示す。

日米全大学においては、初年次教育への満足度、初年次教育を導入した年、情報処理や通信の基礎技術、集中力や記憶力が初年次教育の効果において統

表9-3　初年次教育の効果の規定要因

変数	全大学				変数	日本の大学				変数	米大学			
	B*	β**	t	p		B*	β**	t	p		B*	β**	t	p
満足度	0.690	0.694	22.111	0.000	満足度	0.552	-0.558	11.954	0.000	満足度	0.870	0.868	25.957	0.000
導入年	-0.058	-0.083	-2.678	0.008	集中力・記憶力	-0.102	-0.195	-4.141	0.000	口頭プレゼンテーション	0.041	0.072	2.164	0.032
情報処理・通信の基礎技術	0.050	0.099	3.008	0.003	情報処理・通信の基礎技術	0.100	0.122	2.592	0.010	導入年	-0.051	-0.066	-2.007	0.046
集中力・記憶力	-0.470	-0.096	-2.943	0.003	導入年	-0.630	-0.096	-2.059	0.040					
R^2乗値	0.505					0.358					0.782			
調整済みR^2乗値	0.502					0.319					0.779			

＊回帰係数
＊＊標準化回帰係数

計的に有意であることが確認された。日本およびアメリカの大学の初年次教育の効果の規定要因について比較検討した結果、アメリカの大学における初年次教育の効果の方が日本の大学における初年次教育への効果よりも効果的であることが結果として得られた。

4節 考 察

　日米の初年次教育には差異と共通点があることが確認された。共通点としては、日米双方の大学の分類において、選抜度の高い大学における初年次教育の導入度はそれほど高くないことが挙げられる。一方で、日本の高等教育環境が急速にユニバーサル化する中で、学生の能力・スキルの悪化がアメリカの大学の学生を凌駕している状況が、日本の大学において急速な初年次教育の導入の要因となっている。この日本の状況は初年次教育の内容の重視度の差異に如実に表れている。アメリカの大学が「アカデミック・スキル」よりも「スチューデント・ソーシャル・スキル」の項目を重視しているのに対し、日本の大学は全項目を重視している。

　また、この要因を考察する上で、日米の高等教育と中等教育の接続性という問題にも目を向けることは不可欠である。アメリカでは初等・中等教育をK12と呼称しており、最近ではK16という概念が使用されることもある。K12は幼稚園から高校卒業までを含む概念であり、K16は幼稚園から大学までを含む概念である。レポート・論文作成方法、口頭発表の技法、読解・文献講読の方法、論理的思考力や問題発見・解決能力、調査・実験の方法、図書館の利用・文献探索方法、情報処理や通信の基礎技術から構成されている「アカデミック・スキル」という内容の初年次教育の基本的なものは、アメリカの初等・中等教育で育成すべきスキルとして、教師がディスカッション、ディベートなどを教育方法としていずれの教科においても積極的に導入し、問題発見型、課題解決型レポートの作成などを生徒に課している。

　一方、日本の中等教育の場合、知識注入型の授業が多く、少数の中等教育機関のみが、ディスカッションやディベートを教育方法として導入したり、

問題発見型、課題解決型レポートの作成を課したりしているにすぎない。すなわち、アメリカの大学では中等教育機関から高等教育機関における学習スタイルや学習成果の獲得目標において接続性が存在しているのに対し、日本の中等教育と高等教育機関においては、学習スタイルや期待される成果の接続性があまり見られないことを考慮しなければならない。アメリカの高等教育機関への入学に際しての標準試験は、高校までに獲得されたコンピテンシーを測定することが前提となっており、各大学もアドミッション・スタンダードの設定も、標準化されたコンピテンシーに対応して設定されているのに対し、日本では必ずしもコンピテンシーという概念で試験が設定されていない現実も関連していると推察できる。本章では中等教育と高等教育の接続と入試というイシューを論ずることを目的としていないので、この点については別の機会に譲るが、アメリカの中等教育と高等教育の接続性の存在は、さらに別の教育プログラムの存在からも確認することができる。

アメリカの高校においては、Advance Placement（以下 AP と略する）[17] と呼ばれる教育プログラムが存在する。AP プログラムとは、高校に在籍しながら大学レベルの授業を履修し、その単位認定の試験に合格することで大学レベルの単位取得ができる制度である。この制度は急速な広まりをみせているが、その原因としては、高校生が第1に早期から大学レベルの授業を履修することで、早期から大学での学習レベルに慣れることができる、第2に作文技能を改善し、問題解決技能を修得することができる、第3に高次な大学の授業内容に挑戦することで、大学での学習習慣が高校に在籍しながら習得することができるといった前向きな評価が得られていることにある。K16 という概念の登場も AP 科目の存在と関連しているともいえる。アメリカにおける高等教育と中等教育との接続性は、アメリカの大学の近年の学生の能力・スキルに関する評価が日本の大学ほど悪化していない要因であるとも推察できることから、接続性に焦点を当てた研究が課題として挙げられよう。

調査結果に見られる差異の原因としては、2国間における学習とティーチング（教育）に関する戦略性からもたらされている可能性の存否についても検討すべきであろう。アメリカにおける初年次教育は、初年次学生の支援と

いうより総合的なアプローチで実践されているが、総合的なアプローチはカレッジ・インパクトやリテンションに関する豊富な研究実績を基盤として進展してきていることから、理論に基づいてカリキュラムの構築や教授法の開発および実践がされている、という強みがある。一方、日本では急速に初年次教育が拡大、普及していることから、初年次教育のペダゴジーが、必ずしも学生の学習や成長に関する理論に依拠しないまま、実践が先行している状況となっている。

5節　おわりに

アメリカの初年次教育の課題として、研究および評価から政策ならびに実践にいたるまでの結び付きが依然として弱いことが挙げられているが(アップクラフト他 2007:7-8)、アメリカ以上に急速に初年次教育が拡大、普及が進む日本においては初年次教育の効果についての精緻な研究の蓄積と評価が求められる。その際、評価方法の開発とミクロなデータの集積、そうしたデータの集積から導きだされる、学生の学習意欲や成果を向上させるための教育プログラムの開発、さらにはカリキュラム全体へのつながりへと結び付けていくことが肝要であろう。わずか10年という短い期間で、黎明期から普及期への移行を経験しつつある日本の初年次教育は、中等教育との接続が少ないという状況の中で、初年次教育の効果をいかに高めるかという大きな課題に直面している。2008年11月に第1回初年次教育学会が開催され、多くの興味深い研究が発表されたが、こうした課題に向けて、研究の量、質およびその応用としての実践の蓄積が期待される。

注
1　2001年に私立大学協会附置私学高等教育研究所の導入教育プロジェクトにかかわる導入教育班が実施した、私立大学学部長を対象とした導入教育調査(結果)による。
2　「大学における初年次教育に関する調査」共同メンバーは、塚原修一、川島啓二、深堀聡子(以上、国立教育政策研究所)、山田礼子(同志社大学)、沖清豪(早稲

3 2節1の内容は山田 2005 において既出されている。
4 現在ではジェンダー中立用語であるファーストイヤーセミナーがフレッシュマンセミナーに代わる用語として定着している。しかし、一部の高等教育機関ではフレッシュマンセミナーという用語を使用しているところもある。
5 Graduation Rates–Six-Year Graduation Rates of Bachelor's Students–2007 出典は NCES, IPEDS データ2007年度で http://www.higheredinfo.org/dbrowser/index.php?level=nation&mode=map&state=0&submeasure=27 （2008年12月30日閲覧）を参考にした。
6 http://www.act.org/research/policymakers/pdf/retain_2007.pdf（2008年12月30日閲覧）.
7 例えば、Meyers, L.E. (1999) などがある。
8 回答大学の分類は、選抜度が非常に高い大学81校、選抜度が高い大学188校、選抜度が通常である大学220校、選抜度が低い大学115校、フリーランク32校となっている。
9 質問項目は日本語から英語に翻訳し、内容についてはアメリカ人研究者にチェックを受けた。
10 回答大学の内訳は、拡大型博士号授与研究大学51校、集約型博士号授与研究大学32校、総合型修士号授与大学172校、修士号授与大学26校、リベラルアーツ型大学75校、学士号授与大学78校、学士号・短期大学士授与大学11校である。
11 代々木ゼミナールの偏差値を使用している。
12 2007年度のアメリカの標準卒業率は6年を用いているが、本調査では4年および5年卒業率を指標として用いている。
13 日本の大学の分類は代々木ゼミナールの偏差値分類により高選抜型大学からフリーランクまで4段階に分けている。アメリカの大学の分類はカーネギー2000年度大学分類にしたがって拡大型博士号授与研究大学、集約型博士号授与研究大学、修士号授与総合大学Ⅰ、修士号授与総合大学Ⅱ、リベラルアーツ型学士大学、一般型学士大学等の分類に分けている。
14 2001年、2002年、2007年調査に共通の項目のみを掲載している。
15 表9-2に掲載されている「データ解析の方法」や「集中力や記憶力の醸成」は2001年と2002年の日米比較においてのみ使用された項目であるため、表9-1からは省略している。
16 日米の大学のそれぞれの分散分析結果についての表は省略している。
17 APプログラムは1952年に始まり、2007年時点でAPプログラムで提供されている科目と試験は22の学習分野からの37科目と試験にのぼっている。

文献

Barefoot, B.O. & Fidler, P.P., 1995, *The 1994 National Survey of Freshman Seminar Programs:*

Continuing Innovations in the Collegiate Curriculum. Columbia, South Carolina: National Resource Center for the First-Year Experience & Students in Transition, University of South Carolina.

Gordon, V. N., 1989, "Origins and Purposes of the Freshman Seminar", In Uporaft, M.L., Gardner, J.N. & Associates (eds.) *The Freshman Year Experience*, San Francisco, C.A.: Jossey-Bass, pp.183-197.

Meyers, L.E., 1999, "Developmental Reading Educators and Student Affairs Professionals: Partners Promoting College Student Growth", *National Association of Developmental Education Conference Paper.*

Swing, R., 2006, "Constructing a Philosophy for Achieving Institutional Excellence in the First College Year", *Journal of the Liberal and General Education Society of Japan*, 28, No.1, pp.84-91.

Upcraft, M.L., Gardner, J.N., Barefoot, B.O. & Associates, 2005, *Challenging & Supporting the First-Year Student: A Handbook for Improving the First Year of College.* San Francisco: Jossey, Bass. A Wiley Imprint, 2007. アップクラフト，M.L. 他『初年次教育ハンドブック―学生を『成功』に導くために』山田礼子監訳，丸善ウィリー共同出版.

舘昭，2008，「アメリカにおける初年次学生総合支援アプローチ―その登場，展開，特徴」『初年次教育学会誌』第1巻，第1号，pp.49-56.

中央教育審議会，2008，『学士課程教育の構築に向けて（答申）』.

日本私立大学協会附置私学高等教育研究所，2005，研究プロジェクト報告書『私立大学における1年次教育の実際』社会保険研究所.

濱名篤・川島太津夫編，2006，『初年次教育―歴史・理論・実践と世界の動向』丸善.

山田礼子，2005，『一年次（導入）教育の日米比較』東信堂.

山田礼子，2008，「初年次教育の組織的展開」『初年次教育』第1巻，第1号，pp.65-72.

執筆者紹介 (執筆順、◎印は編者)

			執筆章
大竹　文雄	大阪大学社会経済研究所　所長・教授		1
太田　肇	同志社大学政策学部　教授		2
浦坂　純子	同志社大学社会学部　准教授		3
◎西村　和雄	京都大学名誉教授、京都大学経済研究所　特任教授		3
平田　純一	立命館アジア太平洋大学国際経営学部　教授		3
八木　匡	同志社大学経済学部　教授		3
野崎　晃平	株式会社　豊田自動織機　常務執行役員		4
玄田　有史	東京大学社会科学研究所　教授		5
佐藤　香	東京大学社会科学研究所　准教授		5
永井　暁子	日本女子大学人間社会学部　准教授		5
◎大森不二雄	熊本大学大学教育機能開発総合研究センター　教授		6
◎木村　拓也	長崎大学アドミッションセンター　准教授		7
西郡　大	佐賀大学アドミッションセンター　准教授		8
山田　礼子	同志社大学社会学部　教授		9

■シリーズ　日本の教育を問いなおす　1

拡大する社会格差に挑む教育

2010年10月30日　初　版第1刷発行　　　〔検印省略〕

定価はカバーに表示してあります。

編者©西村和雄・大森不二雄・倉元直樹・木村拓也／発行者　下田勝司　　印刷・製本／中央精版印刷

東京都文京区向丘1-20-6　　郵便振替00110-6-37828
〒113-0023　TEL (03) 3818-5521　FAX (03) 3818-5514
発行所　株式会社　東信堂
Published by TOSHINDO PUBLISHING CO., LTD.
1-20-6, Mukougaoka, Bunkyo-ku, Tokyo, 113-0023 Japan
E-mail: tk203444@fsinet.or.jp　http://www.toshindo-pub.com/

ISBN978-4-7989-0010-0　C3037
© Kazuo Nishimura, Fujio Ohmori, Naoki Kuramoto, Takuya Kimura

東信堂

グローバルな学びへ——協同と刷新の教育	田中智志編著	二〇〇〇円
教育の共生体へ——ボディ・エデュケーショナルの思想圏	田中智志編	三五〇〇円
人格形成概念の誕生——近代アメリカの教育概念史	田中智志	三六〇〇円
社会性概念の構築——アメリカ進歩主義教育の概念史	田中智志	三八〇〇円
教育の自治・分権と学校法制	結城忠	四六〇〇円
教育のミッション・スクールと戦争——立教学院のディレンマ	前田一男編	五八〇〇円
教育の平等と正義	大桃敏行・中村雅子・後藤武俊著	三三〇〇円
教育制度の価値と構造	井上正志	四二〇〇円
学校改革抗争の100年——20世紀アメリカ教育史	末藤・宮本・佐藤訳 D.ラヴィッチ著	六四〇〇円
国際社会への日本教育の新次元	関根秀和編	一二〇〇円
ヨーロッパ近代教育の葛藤	太田美幸編	三三〇〇円
教育的思考のトレーニング——いま親にいちばん必要なこと「わからせる」より「わかる」こと	大森秀子	三六〇〇円
多元的宗教教育の成立過程——アメリカ教育と成瀬仁蔵の「帰一」の教育	相馬伸一	二六〇〇円
教育の公共性と生涯学習のガバナンス——地球社会の求める教育システムへ	春日耕夫	二六〇〇円
NPOの公共性と生涯学習のガバナンス	小内透	三三〇〇円
教育と不平等の社会理論——再生産論をこえて	高橋満	二八〇〇円
オフィシャル・ノレッジ批判	M.W.アップル著 野崎・井口・小草・池田監訳	三八〇〇円
混迷する評価の時代——教育評価を根底から問う	西村和雄・大森不二雄・倉元直樹・木村拓也編	二四〇〇円
拡大する社会格差に挑む教育	西村和雄・大森不二雄・倉元直樹・木村拓也編	二四〇〇円
〈シリーズ 日本の教育を問いなおす〉 保守復権の時代における民主主義教育	倉元直樹・木村拓也編	二四〇〇円
新版 昭和教育史——天皇制と教育の史的展開	久保義三	一八〇〇円
地上の迷宮と心の楽園【コメニウス セレクション】	J・コメニウス 藤田輝夫訳	三六〇〇円
〈現代日本の教育社会構造〉（全4巻）〈第1巻〉教育社会史——日本とイタリアと	小林甫	七八〇〇円

〒113-0023 東京都文京区向丘1-20-6
TEL 03-3818-5521 FAX 03-3818-5514 振替 00110-6-37828
Email tk203444@fsinet.or.jp URL:http://www.toshindo-pub.com/
※定価：表示価格（本体）＋税